VOYAGE

AU CENTRE DE LA TERRE,

OU

AVENTURES DIVERSES DE CLAIRANCY ET DE

...

VOYAGE

AU

CENTRE DE LA TERRE.

y^2

La Caverne de l'Ours blanc.

VOYAGE

AU CENTRE DE LA TERRE,

OU

AVENTURES DIVERSES DE CLAIRANCY ET DE SES COMPAGNONS, DANS LE SPITZBERG, AU PÔLE - NORD, ET DANS DES PAYS INCONNUS.

Traduit de l'anglais de M. HORMIDAS-PÉATH,

PAR M. JACQUES SAINT-ALBIN,

Auteur ou traducteur des *Contes noirs*, des *Trois animaux philosophes*, des *Voyages de Paul Béranger dans Paris*, du *Droit du seigneur*, etc.

TOME PREMIER.

PARIS,

CHEZ CAILLOT PÈRE ET FILS, LIBRAIRES, rue Saint-André-des-Arts, n° 57.

1821.

ÉPERNAY, DE L'IMP. DE WARIN-THIERRY.

PRÉFACE.

Comme l'ouvrage dont nous publions la traduction, pourrait paraître singulier et systématisque aux lecteurs français, et que les aventures qu'il présente ont quelquefois une apparence romanesque, il est de notre devoir de montrer d'avance par des observations certaines, que ce voyage n'a rien d'invraisemblable et rien de faux.

Toutes les fois qu'on a fait quelqu'importante découverte qui sortit de l'ordre ordinaire des choses, la défiance et l'incrédulité se sont élevées contre des nouveautés qui surprenaient trop vivement l'esprit; et ce n'a été qu'avec peine qu'on s'est rendu à l'évidence, et qu'on a cessé de nier l'existence de ce que l'on ne connaissait pas. Si l'Amérique a passé pour une fable et pour une hérésie, jusqu'au moment où les trois vaisseaux de Colomb eurent touché cette terre étrangère, on doit présumer que la planète centrale de notre globe ne sera reconnue que quand nous y aurons établi des colonies avec de bonnes correspondances.

Quoi qu'il en soit, le voyage qu'on

va lire n'en sera pas moins authentique et vrai dans tous ses points, malgré les dénégations de quelques esprits forts. Pour les hommes doués d'un jugement sain, la manière simple, naïve, et le caractère de vérité qui frappe dans toutes les pages de ce livre, ne laisseront aucun doute; pour ceux qui hésitent à croire, nous allons donner quelques preuves.

On s'est beaucoup moqué, il y a quelques années, d'un Américain qui voulut aller au pôle-nord, pour y découvrir, disait-il, une grande ouverture par où il espérait pénétrer dans le centre de notre globe, et y trouver des terres habitables. Ce projet n'avait pourtant rien de ridicule; le succès du voyage que nous publions le prouve; et sans doute l'Américain, qui est parti pour son expédition, reviendra apprendre lui-même aux Européens qu'il ne faut pas juger trop légèrement ce qu'on ne connaît pas.

En 1818, un savant allemand, (M. Steinhauser) annonça dans la gazette littéraire de Halle, une découverte qui s'accorde assez avec les idées de l'Américain dont nous venons de parler. Pour expliquer la déclinaison de l'aiguille aimantée, M. Steinhauser prétend que dans l'intérieur de notre globe, à une profondeur d'environ cent soixante-dix milles, il se trouve un autre petit globe, qui fait autour du centre de la terre une révolution d'occident en orient, dans l'intervalle de quatre cent quarante ans. Ce petit globe, doué d'une attraction magnétique, serait la cause de la déclinaison de l'aiguille aimantée.

Ce qui rend les calculs de M. Steinhauser dignes de considération, c'est qu'ils s'accordent exactement avec l'expérience. Il avait prédit, en 1805, qu'après avoir été stationnaire, l'aiguille aimantée rétrograderait en 1818 vers l'orient ; ces deux prédictions se sont accomplies, à l'étonnement des adversaires du savant M. Steinhauser.

On a donné à cette planète souterraine le nom de Pluton ; et plusieurs prétendent qu'en étudiant les mouvemens de ce globe, les marins n'auront plus besoin d'autre guide.

Les idées de M. Steinhauser avaient déjà été publiées sous des aspects différens, il y a à peu près un siècle, et il est sans doute heureux que le Voyage au centre de la terre vienne nous apprendre enfin ce qu'il faut penser au juste de ces importans objets.

Des naturalistes ont dit que les glaces des pôles allaient toujours en s'épaississant, et qu'aux pôles elles traversaient la profondeur de la terre, ce qui formerait un glaçon de trois mille lieues ; mais ce système est si absurde, qu'il n'a besoin que d'être exposé pour tomber dans le mépris. Il faudrait attribuer à la glace une vertu magnétique qu'elle n'a sûrement pas ; et il est certain qu'il y a aux pôles des matières douées d'une vertu magnétique, puisque tout objet aimanté se tourne naturellement vers le pôle dont il est le plus proche. C'est ce qui a fait croire aux savans les plus judicieux (et cette présomption était bien fondée),

que les pôles sont entourés de montagnes de fer.

On a prétendu aussi que la nature
était entièrement morte vers les
pôles ; cette assertion est exagérée.
Il est vrai que les rivages du Spitzberg, et tout ce qui avoisine la mer
glaciale, n'offrent qu'une nature ina-
nimée, un sol brûlé par les glaces ;
mais à mesure qu'on avance dans
les terres, la nature se ranime, et
la végétation reparaît. Voici même
quelque chose de plus fort : tout
l'équipage du brick russe, qui revint il y a deux ans d'un voyage autour du monde, vit dans le nord,
plus loin que le Spitzberg, une île

flottante , chargée de végétation et de fontaines...,.

En juillet 1818, des vaiseaux baleiniers , qui s'étaient trouvés enfermés dans les glaces, au 68ᵉ dégré de latitude, trouvèrent la mer bien plus ouverte au 73ᵉ ; et les Esquimaux, qui habitent vers cette latitude, assurèrent qu'en avançant au nord, on rencontrerait encore moins de glaces,

Le 4 août suivant , l'expédition que le gouvernement Anglais envoya à la recherche d'un passage en Amérique par le nord, se trouvait à 75 degrés 30 minutes de latitude , lors-

qu'un vent frais et la disparition
successive des glaces, leur donna
l'espoir que la promesse des Esquimaux pourrait se réaliser. Un peu
plus tard, l'expédition découvrit,
entre le 77° et le 78° degrés, une
nation inconnue, isolée du monde
entier, et sans communication quelconque. Les hommes de cette tribu
ressemblent, pour la physionomie,
aux Esquimaux, et parlent une autre langue. Sans voisins et sans ennemis, ils se croyaient les maîtres
du monde. Ils paraissaient n'avoir
jamais vu de vaisseaux, et ils cru-
rent d'abord que les bâtimens anglais étaient de grands oiseaux de
proie, descendus de la lune pour les

dévorer. Ils avaient des couteaux de fer ; et l'expédition reconnut qu'il y avait d'énormes masses de fer dans les régions voisines du pôle.

Ces mêmes sauvages se servent de la corne du narwal pour tuer les petites baleines. Ils voyagent dans des traîneaux attelés de chiens, à la manière des Kamtschadales. Les Anglais virent aussi un certain nombre de ces sauvages partir en traîneau pour le nord..... ; circonstance qui prouve que les terres fermes s'étendent jusque sous le pôle, et que la nature n'est pas morte aux extrémités du monde....

C'en est sans doute assez pour

montrer qu'il n'y a rien qu'on puisse refuser de croire dans l'ouvrage que nous offrons au public. Le reste s'expliquera de lui-même ; et pour ceux qui douteront encore, bientôt peut-être leur défiance se dissipera ; car il faut espérer que les gouvernemens de l'Europe ne négligeront pas de cultiver la découverte d'un monde, assurément moins important que le nôtre, mais avec qui nous pouvons former des liaisons utiles.

VOYAGE

AU

CENTRE DE LA TERRE.

~~~~~~~~~~~~~~~~~~~~~~~~~~~~~~

CHAPITRE PREMIER.

Départ de Portsmouth. Incendie du vaisseau.

Le 12 juin de l'année 1806, le vaisseau anglais le *Mercure*, où je servais en qualité de secrétaire, partit de Portsmouth, pour la pêche de la baleine. L'équipage se composait de cinquante matelots, de quelques mousses, d'un assez grand nombre de pêcheurs, et de huit

Français, qui s'étaient embarqués avec une petite pacotille, pour faire quelques échanges dans le Groënland. La plupart de nos pêcheurs avaient les mêmes espérances, et venaient chercher la fortune chez les sauvages du Nord, au cas que la pêche ne fût pas abondante.

Pendant les premières semaines, la navigation n'eut que des chances ordinaires; elle fut même assez heureuse. Mais un soir, (c'était le 29 juillet, nous étions alors vers le 65° degré de latitude septentrionale),une partie de l'équipage se trouvait sur le pont, occupée à considérer la mer, où le soleil se couchait, pour reparaître presque aussitôt (*), lorsque

---

(*) On sait que les jours du Cercle polaire sont de vingt-quatre heures.

le capitaine accourut à nous, pâle, effrayé, et criant à tout le monde de cesser les manœuvres. Le maître de l'équipage lui demanda aussitôt quel malheur nous menaçait ? Il ne répondit que par ces mots, qui se répétèrent de toutes parts avec effroi : Le feu est au fond de cale ! tout le monde à la pompe !...

Ces terribles paroles furent à peine entendues, que tout l'équipage se hâta de quitter le pont, et de voler où nous appelait le danger. Si l'approche d'un incendie est effrayante sur la terre, elle est horrible sur les flots ; là, du moins, en perdant ses richesses, on a l'espoir de conserver ses jours ; mais ici, quand l'incendie s'annonce, on se trouve entre deux morts inévitables. Plusieurs

d'entre nous avaient déjà couru les
mers, et s'étaient en quelque sorte
familiarisés avec les périls de la tem-
pête; mais aucun n'avait vu la flamme conjurer sa perte avec les ondes.
Il résulta, de la frayeur qui nous
dominait tous, un désordre funeste.
Les uns ne savaient où donner de
la tête, et embarrassaient de leur
personne, au lieu d'être utiles ; les
autres jetaient l'eau où elle n'était
pas nécessaire ; ceux-ci poussaient
les cris de la détresse ; ceux-là in-
voquaient tous les saints du paradis,
et promettaient de vivre chétien-
nement, s'ils évitaient la mort prochaine.

Cependant, on ne savait pas encore quelle était la source du mal.
Le capitaine demandait vainement

à tous ses gens s'ils en connais-
saient quelque chose ; personne ne
pouvait lui répondre. Enfin , un
petit mousse déclara qu'il avait vu
le cuisinier descendre à fond de cale
avec une chandelle, et qu'il en était
remonté tout inondé d'eau-de-vie
et sans lumière.

Le cuisinier, interpellé, confessa en
tremblant qu'il allait prendre quelques pintes de vinaigre ; qu'il s'était
adressé par erreur à une pipe d'eau-
de-vie ; qu'il l'avait défoncée du coup
de marteau qui devait faire tomber
la broche , et que le feu avait pris
sans qu'il s'en aperçut. —Misérable ,
s'écria le capitaine, ta maladresse
n'est qu'une peccadille , mais ton
silence est un crime...... En même
temps il ordonna de verser l'eau

abondamment sur les barriques, se
réservant de punir plus tard, si le
vaisseau échappait aux flammes qui
commençaient à le dévorer.

Les premières secousses de la
frayeur avaient dérangé toutes les
têtes; le sentiment de notre conservation parvint par degrés à les raf-
fermir un peu. Tous les bras travail-
lèrent avec ardeur; tout le monde
obéissait en silence au capitaine. Un
jeune Manseau parlait seul de temps
en temps, tout en apportant quelques paniers d'eau; et la frayeur
dont il était saisi lui faisait débiter
une foule d'extravagances. Ses exclamations, qui eussent diverti dans
toute autre circonstance, ne lui at-
tiraient alors que des injures, et
l'ordre de se taire. Il le fit; mais

tout le monde se mit à gémir plus
fort que lui, quand on vit que le
feu ne s'éteignait point. Cependant
il y avait déjà plusieurs pieds d'eau
au fond du navire ; les barriques
surnageaient , et n'en brûlaient pas
moins avec la plus grande activité.
Bientôt la flamme se communiqua
à quelques tonneaux de graisse et
d'huile, et dès-lors elle prit un caractère plus effrayant, puisque l'eau
ne faisait plus, pour ainsi dire, que
l'alimenter. Nous étions obligés de
sortir successivement , pour n'être
pas étouffés par la fumée , et les
travailleurs ne voyaient plus ce qu'ils
faisaient.

Amis, s'écria le capitaine , il n'est
plus temps de délibérer. Jetons les
poudres à la mer, si nous ne vou-

lons pas sauter avec le bâtiment.
—Qu'on y jette pareillement les tonneaux de viande et les provisions ,
ajoutai-je ; nous sommes en eau
calme , nous pourrons les repêcher
ensuite. Du moins , elles ne nour-
riront pas la flamme ; et nous ne
serons pas réduits à mourir de
faim.

Le capitaine approuva le conseil
que je proposais. Aussitôt nous quit-
tâmes le feu pour vider la sainte
barbe et le garde-manger, pendant
que le charpentier et quelques matelots faisaient à grands coups de
hache des ouvertures au bas-fond
du navire , pour y faire pénétrer
l'eau en plus grande abondance.

Mais ces cruelles alternatives de
périr dans les flammes, ou de sauter

en l'air, ou de mourir de faim, ou
tout au moins d'être noyés, avaient
mis à bas tous ceux d'entre nous
qui voyaient la mer pour la première fois. Quelques-uns étaient
étendus sur le plancher, et on leur
eut passé sur le corps, qu'ils ne
l'eussent point senti.

Cependant la besogne avançait, et
il était heureux qu'on se fût hâté
de vider la sainte barbe ; car à peine
les poudres furent-elles jetées dehors, que le feu s'y montra. Le vaisseau était déchargé de toutes les
provisions combustibles, et les trous
que le charpentier avait faits aux
bas-côtés du navire y introduisaient
l'eau avec tant de rapidité, qu'elle
fut bientôt à la hauteur de la flamme, qui s'éteignit alors presqu'entièrement.

Mais en sortant d'un danger affreux, il fallait, sans perdre de temps, se tirer d'un autre. L'eau était à son tour maîtresse du navire, et commençait à l'enfoncer.

On revint donc aux pompes ; et quoique tout accablés du travail pénible que nous venions de faire, nous pouvons dire que tout le monde, à l'exception du Manseau et de deux jeunes marchands, mit la main à l'œuvre avec une ardeur infatigable. Hélas ! il était trop tard... toutes les pompes étaient en jeu, chacun employait ce qu'il avait de forces ; mais l'eau entrait en si grandes masses, que le bâtiment s'enfonçait d'un pouce par minute.

Camarades, nous coulons, s'écria un matelot ; la chaloupe nous reste, hâtons-nous d'y chercher un refuge.

CHAPITRE II.

La mer Glaciale du Nord. Les ours blancs. Affreuse catastrophe.

Les cris et le mouvement de l'équipage nous firent à tous quitter les pompes. Chacun songea à sa conservation particulière, et l'on se jeta en toute hâte dans la chaloupe et dans les deux canots.

Le Manseau et ses deux compagnons, que nous avions totalement oubliés, sortirent enfin de leur espèce de léthargie, en entendant répéter de toutes parts les mots de *chaloupe* et de *canot*. Ils accoururent sur le pont du bâtiment, prêt de

s'abîmer, et nous tendirent des bras
supplians. Nous nous trouvions trop
malheureux pour être un instant
insensibles à la pitié. Les deux canots
les reçurent promptement, et nous
étions tous hors du vaisseau quand
il s'enfonça ; nous eûmes même le
temps de gagner un peu au large,
pour n'être pas entraînés dans le
tourbillon que la mer forma en l'en-
gloutissant. Il disparut bientôt, et
au bout de quelques minutes, on
en aurait vainement cherché la trace
sur la surface des flots.

Alors nous nous rapprochâmes,
pour délibérer sur ce que nous
avions à faire. La chaloupe portait
quatre-vingt-dix personnes ; le grand
canot en contenait dix-neuf, et le
petit canot, où je me trouvais avec

le Manseau, n'était chargé que de quatre jeunes pêcheurs. On demanda au capitaine quelle route il fallait tenir. Nous irons, répondit-il, où la providence nous conduira ; le plus pressant est de repêcher nos vivres et nos poudres.

Nous avions tous des armes ; nos trois bâtimens étaient bien munis de haches, de piques et de carabines ; mais nous n'avions pas une livre de poudre, et rien à manger. C'est pourquoi on obéit sans réplique à l'ordre du capitaine. Le temps était si calme, que tout ce que nous avions jeté à la mer surnageait encore à peu de distance. Nous parvînmes à sauver plusieurs tonneaux de viande salée, des jambons, un grand nombre de fromages, vingt grosses pièces de vin, dix-huit pipes d'eau-de-vie, quatre tonnes de vinaigre, un peu de lard, du biscuit en abondance, et près de cent barils de poudre. Le grand canot trouva aussi trois paniers pleins de volailles, qu'il nous ramena heureusement. Avec tout cela, nous étions bien fourni de plomb et de balles ; la chaloupe avait une grande boussole, et chaque bâtiment en possédait une petite. Nous pouvions donc nous rassurer, si le temps restait serein, et concevoir encore quelques espérances.

Cependant il y avait bientôt vingt-quatre heures que nous travaillions sans relâche, et personne n'avait pensé à prendre le moindre aliment. La voix impérieuse de la faim se fit

entendre aussitôt que nous pûmes
goûter le repos. Chacun se disposa
à lui obéir ; et quoique notre position fût triste et inquiétante , nous
reprîmes un peu de courage et de
gaîté dès que nous nous vîmes hors
de péril. Les huit Français qui se
trouvaient avec nous, et qui nous
avaient été d'un bien grand secours
dans notre détresse, par leur activité et leur intelligence , burent à
la santé de l'Angleterre ; nous ripos-
tâmes par des toasts à la santé de
la France, et le souper fut plus gai
qu'on n'eût osé l'attendre après une
journée si pénible. Les deux canots
s'étaient pour ainsi dire accolés à
la chaloupe , et l'on se parlait de
chaque bâtiment.

Le Manseau , qui avait recouvré

quelque fermeté d'esprit, ne s'en
servait que pour nous crier à tout
instant, que nous avions le cœur
bien philosophique. Il y avait en
effet une grande philosophie dans
l'espèce de gaîté qui nous étour-
dissait. Nous étions à l'entrée de la
mer Glaciale du Nord, et si le vent
nous poussait dans les glaces, nos
frêles bâtimens présentaient peu de
ressources contre le danger. Le froid
se faisait déjà sentir extrêmement
vif, et nous ne pouvions le vaincre
qu'à force d'exercice. A la vérité,
le Groënland était à peu de distance; mais nous n'étions rien moins
que sûrs de le gagner heureusement.
Ces idées, et mille autres, qui firent bientôt succéder le silence aux
bruyantes expressions de la joie, oc-

cupaient fortement le capitaine. On recommença donc à délibérer dès que la faim fut appaisée. Il y avait trois opinions bien distinctes ; les uns voulaient rebrousser chemin, et s'arrêter en Laponie ou en Suède ; les autres proposaient de retourner en Angleterre. Le capitaine déclara qu'il était plus court et conséquemment plus sage de diriger notre marche vers le Groënland ; que nous pourrions encore y faire nos pêches, et attendre quelque vaisseau anglais, qui nous ramènerait avec moins de dangers dans notre patrie ; que la saison était peu avancée, et qu'il savait que trois bâtimens devaient faire le même voyage que nous; que peut-être ils étaient en mer, et que nous ne tarderions pas à les voir.

1. 2

Ce parti, qui paraissait le plus
prudent au capitaine, eût pourtant
trouvé un bon nombre d'adversaires, si le vent ne se fût déclaré pour
lui. Il souffla du sud-est au coucher
du soleil, et nous poussa vers les
côtes du Groënland. On se disposa
donc, sans murmurer, à suivre le
vent et la providence.

En avançant vers le nord, nous
n'eûmes bientôt plus de nuit. Le
soleil restait continuellement au-
dessus de notre horison, qu'il n'é-
chauffait point. L'eau de la mer était
si verte qu'elle ressemblait à une
immense pelouse de gazon; et les
glaçons que nous apercevions à
une certaine distance, nous paru-
rent d'abord comme des troupes de
cygnes; les reflets du soleil en chan-

gèrent l'aspect, quand nous fûmes
plus près, et leur donnèrent l'apparence d'une ville de toutes cou-
leurs.

Mais la direction du vent était
changée ; il soufflait maintenant du
sud-ouest, et devenait plus fort à
mesure que nous avancions. Quelques matelots disaient d'un ton de
voix assez triste, qu'il était impossible d'aborder au Groënland, et
que nous allions droit au Spitzberg.
Cette conjecture effrayante ne tarda
pas à se réaliser. Le vent souffla
avec violence, et nous poussa dans
les glaces. La consternation devint
générale ; et j'avoue, pour ma part,
que je fus saisi d'un douleur inexprimable, lorsqu'en jetant les yeux
autour de moi, je ne vis de toutes

parts que des glaçons flottans, d'une
dimension et d'une hauteur mons-
trueuses, qui s'entrechoquaient avec
un bruit semblable au fracas du
tonnerre. Si la chaloupe se trouvait
entre deux montagnes de glaces,
tout le monde tremblait que le vent
ne les poussât l'une contre l'autre,
et ne broyât le bâtiment en mille
pièces. Que l'on juge par-là quel
effroi devait donner à chaque instant la frêle solidité de nos deux
canots ! Nous étions vers le 72° degré de latitude septentrionale, et
il y avait vingt jours que nous avions
perdu notre vaisseau.

Le moindre craquement, l'approche d'une masse glacée, le sifflement des vents contre ces espèces
d'îles flottantes, la plus petite cla-

meur des matelots, nous donnaient à tous le frisson de la peur. Le malheureux Manseau n'ouvrait la bouche, depuis cinq jours, que pour adresser au ciel des oraisons lamentables, et pour promettre à Dieu de ne plus courir les mers.

Tous ces périls, toutes ces frayeurs n'étaient que le prélude des maux qui nous attendaient. Le 22 août, nous vîmes paraître les ours blancs sur les glaces. Trois de ces animaux s'avancèrent, moitié à la nage, moitié en traversant les glaçons, à la rencontre de la chaloupe. Le capitaine ordonna une décharge de quelques mousquets, qui les étonna sans les faire fuir. Après s'être arrêtés un instant, ils approchèrent de nouveau jusqu'à la portée du fusil. Leur

taille était énorme, et ils nous semblaient pour le moins aussi hauts
que des chevaux, quoique nous fussions éloignés de la chaloupe d'un
bon quart de lieue. Les gens du
capitaine tirèrent quelques balles,
qui atteignirent le plus avancé des
trois ours. Il poussa un hurlement
effroyable, et s'enfuit à toutes forces.

Les deux autres ne l'imitèrent
point, et accoururent sur la chaloupe avec tant de rapidité, qu'on
eut à peine le temps de les coucher
en joue. Mais l'explosion du feu et
les plaies qu'ils reçurent, ne leur
causèrent en apparence ni surprise,
ni grande douleur, puisqu'ils ne re-
broussèrent point chemin. Le plus
fort grimpa sur un glaçon, et jeta
ses deux pattes de devant sur un

des bords de la chaloupe. Pendant qu'on faisait face avec des haches et des hallebardes, et qu'on empêchait son compagnon de monter à l'abordage, les rameurs se donnaient de grands mouvemens pour éloigner la chaloupe du glaçon où le plus grand ours reposait sur ses pieds de derrière. Mais il s'était si bien cramponné au bâtiment, qu'il y resta suspendu, et ne tomba dans la mer que criblé de blessures. Il eut pourtant encore la force de se retirer sur la glace, où il poussa ses derniers hurlemens.

Hélas! tandis que nous nous réjouissions de cette espèce de victoire, dont nous n'avions été que spectateurs, la plus affreuse de toutes les catastrophes vint nous

jeter dans le désespoir. La chaloupe, en s'éloignant des glaçons, avait
donné aux vagues une grande secousse, qui produisit l'effet d'un
courant : un rocher de glaces, entraîné dans l'espèce de route que
lui frayait la fuite précipitée du bâtiment, le suivit de près, le poussa
contre une masse plus ferme et
moins mobile..... En un clin-d'œil
la chaloupe fut écrasée, et tous
ceux qu'elle portait, anéantis ou
submergés.

A cet affreux spectacle, tous tant
que nous étions dans les deux canots, nous poussâmes des cris dou-
loureux ; puis, sans songer que nous
étions engloutis si nous recevions
dans nos frêles esquifs tous les malheureux naufragés, chacun de nous

se mit à forcer de rames, pour voler à leur secours. Mais un nouvel incident, qui nous sembla un nouveau malheur, nous préserva pour le moment d'une ruine totale. Le troisième ours, qui n'avait été que légèrement blessé, voyant surnager plusieurs matelots, jeta deux grands cris, qui attirèrent, en quelques minutes, une bande d'ours sur les glaces. Ces animaux, que nous ne pûmes compter, se jetèrent aussitôt à la mer, et nous les vîmes peu après se retirer, emportant chacun un de nos compagnons.

Cette diversion nous arrêta. Quels secours allions-nous porter? Nous courions au-devant d'une multitude d'ennemis, dont nous ne ferions que doubler la proie....... Le grand

canot se décida le premier, et s'é-
loigna, à force de rames, du lieu
du péril. La faiblesse du bâtiment
où je me trouvais ne nous permit
pas de le suivre. Nous nous conten-
tâmes de côtoyer une chaîne de
glaçons, qui nous ôtaient du moins
la vue de nos compagnons expirans.
Mais leurs cris déchirans venaient
frapper nos oreilles. — O Dieu ! s'é-
cria Edouard, l'un des quatre pêcheurs anglais qui se trouvaient près
de moi, grand Dieu ! hâte le moment de notre mort, si son approche a tant d'horreur.

Ces mots furent à peine pronon-
cés, que nous entendîmes une voix
faible exhaler cette plainte en mau-
vais anglais : — Amis, si vous le
pouvez, au nom de Dieu et de l'hu-

manité expirante, secourez-moi !....
En même temps j'aperçus, à la
distance de cinquante brasses, un
de nos compagnons qui s'était sauvé
du naufrage de la chaloupe à l'aide
d'un morceau de planche, et que
le froid commençait à engourdir. Je
fis avancer le canot jusqu'à lui ; il
fut reçu avec un transport de joie;
mais il était presque mourant. On
lui fit prendre à la hâte quelques
verres de vin. Il se ranima peu à
peu, et nous conseilla de nous éloigner. Celui que nous venions d'arracher à une mort prochaine, était
un garçon Français, d'un bon na-
turel. Il se nommait Clairancy.

Le Spitzberg n'est pas bien loin,
nous dit-il quand ses sens se furent
réchauffés, il faut tâcher d'y abor-

der. Nous attendrons là, comme
nous pourrons, la destinée que le
ciel nous réserve. Au reste, les ours
blancs seront moins dangereux pour
nous sur une terre découverte,
que parmi les glaçons. D'autres,
avant nous, ont passé l'hiver même
dans ces tristes contrées. Avec de la
constance et du courage, nous sup-
porterons des maux que nous ne
pouvons plus éviter.

En ce moment, nous perdîmes
de vue le grand canot. Chacun de
nous fit un adieu intérieur aux gens
qu'il portait, et se persuada que ce
faible bâtiment allait se perdre. Cependant il était beaucoup plus fort
que le nôtre; et nous nous flattions
de nous sauver..... Ainsi sont faits
les hommes, et c'est pour le repos

de leur existence. Les dangers que court autrui nous frappent, et nous ne voyons pas plus nos périls que nos fautes et nos erreurs. Les suites seules nous ouvrent les yeux.

Enfin nous nous trouvions seuls, au nombre de sept, dans la mer Glaciale du Nord. Nos provisions étaient fort minces ; nous n'avions plus d'eau, et le froid ne nous désaltérait point. Un peu d'eau-de-vie et de vin, des viandes salées, du biscuit et du fromage, composaient tous nos alimens. Le soleil baissait à mesure que nous avancions vers l'automne et vers le nord. Le Spitzberg, notre triste espérance, ne paraissait point. Nous ne revoyions pas le grand canot, et les ours se montraient de temps en temps à de légères distances.

Le Manseau était avec nous. Sa tristesse et son abattement nous désolaient, tout en excitant notre pitié. Il devenait maigre et morose. Hélas ! disait-il à toute heure, heureux nos pauvres camarades ! ils ont été dévorés par les ours ; mais au moins ils ne souffrent plus ; et nous, quand serons-nous hors de peine !

A force de raisonnement, Clairancy parvint à lui rendre un peu de courage. Il lui répéta tant de fois que ce n'était plus le temps de se laisser abattre ; que quand les espérances s'éteignent, l'âme doit déployer toutes ses forces ; qu'il était indigne d'un homme de se laisser mourir mille fois, de peur de mourir une ; enfin, il lui fit voir si

clairement que nous pouvions encore vivre, que le Manseau reprit
quelque force d'âme, et finit par
s'accoutumer, au moins autant que
nous, à la situation présente.

J'ai remarqué fréquemment dans
les Français, de ces conversions su-
bites, qu'on n'oserait attendre des
autres peuples. Cet esprit facile à
manier les a fait accuser de légèreté
et d'inconséquence. Il serait plus
juste, je pense, d'attribuer cette
mobilité de caractère à une âme
vive, qui sent fortement, qui reçoit
toutes les impressions bonnes ou
mauvaises. On s'en est quelquefois
heureusement servi pour les pousser
aux grandes choses; souvent on en
a abusé pour les séduire. Mais, en
général, une âme facile à émouvoir,

comme celles des Français, vaut
beaucoup mieux, pour la société,
que l'entêtement de leurs voisins du
nord, ou que la dissimulation de
ceux du midi. Quand au corps so-
cial, et pour le gouvernement des
états, une âme ferme, opiniâtre,
inébranlable, une âme anglaise en—
fin, préviendra mieux les grands
malheurs.

CHAPITRE III.

*Aventures avec les ours blancs. Arrivée
au Spitzberg.*

Trois jours après le malheureux
événement de la chaloupe, Clairancy
crut apercevoir le Spitzberg à peu
de distance. Nous distinguâmes comme lui une terre blanche et inculte,
et l'aspect de ce désert stérile modéra la joie que nous inspirait l'approche des côtes. Nous y dirigeâmes
nos efforts, toujours avec les plus
grandes précautions, pour ne pas
nous abîmer dans les glaces.

Pendant que nos regards se
fixaient uniquement sur la terre, la

marche pesante d'un animal qui
enfonçait les glaçons nous fit tour-
ner la tête, et nous vîmes au haut
d'un rocher flottant presque au-
dessus de nous , un grand ours
maigre et décharné, qui venait fon-
dre sur le canot. Édouard tenait à
la main une hallebarde, qu'il enfonça rapidement dans la gueule
béante de l'ours, où elle se brisa.
L'animal furieux s'avança plus près
de nous , et se lança sur celui qui
l'avait frappé. Nous le blessâmes de
quelques balles, qui le forcèrent à
prendre la fuite. Mais il revint bientôt à la charge , suivi d'un autre
ours aussi grand pour le moins et
aussi maigre que lui.

En le voyant reparaître, Clairancy
prit le cable qui servait à amarrer

notre petit bâtiment, et nous dit
qu'il allait prendre l'ours. En effet,
tandis que nous repoussions les
deux animaux à coups de haches,
et que nous tentions de les faire
tomber à la mer, l'intrépide Clairancy passa une espèce de nœud
coulant au cou de l'ours blessé. Le
cable était fortement attaché à l'un
des bouts du canot, et nous nous
réjouissions déjà d'être maîtres de
notre ennemi ; mais nous n'avions
pas calculé ses forces. Aussitôt qu'il
se sentit lié, il s'éloigna pour se dégager du cable, et il était encore si
robuste, qu'il entraînait notre canot
sur le banc de glaces. Un frémissement universel nous saisit, en
voyant une des pointes de notre bâtiment près de tremper dans la mer.

Nous étions submergés, si un pêcheur anglais, qui était de notre
compagnie, ne se fût hâté de couper
le cable d'un coup de hache. Un
autre en même temps déchargea son
mousquet sur la tête de l'ours, qui
tomba à la renverse. Sa chute fit
fuir son camarade.

Nous nous occupâmes aussitôt de
remettre le canot en mer ; après
quoi, Edouard voulut grimper sur
le glaçon pour visiter le corps de
l'ours tué, et voir si nous n'en pourrions pas tirer quelque parti. Mais
nous fûmes tout étonnés de ne plus
le voir. La pensée qu'il n'était peut-
être que blessé, et qu'il avait battu
en retraite, nous fit jeter les yeux
autour de nous. Nous aperçûmes
à cent brasses, sur une grande île

glacée, le second ours qui se retirait
paisiblement, chargé du cadavre de
son compagnon...... Ce qui venait
d'arriver à notre canot nous avait
donné une telle idée de la force
des ours blancs, que nous ne fûmes
point surpris de voir celui-ci emporter dans sa gueule un poids
aussi énorme. Quand il fut au milieu de l'île de glaces, il s'arrêta,
et se mit à dévorer l'ours mort...

On sait que la peau de ces animaux est fort chaude ; nous n'ignorions pas que leur chair est bonne
à manger ; et comme nous n'avions
depuis long-temps que des viandes
salées, nous ne désirions pas moins
de partager le repas de l'ours, que
de nous emparer de la peau du
mort. C'est pourquoi l'un des pê-

cheurs proposa à Édouard de courir
sur l'ours vivant, et de lui arracher
sa proie. Le parti fut bientôt pris :
les deux jeunes braves sautèrent sur
un glaçon, et le conduisirent comme
un radeau, avec l'aide d'un bois de
hallebarde, jusqu'auprès de l'île où
le second ours faisait son dîner. Ils
prirent pied sur la glace, et le sa-
luèrent de deux coups de carabine.
L'ours, blessé au ventre et à la
tête, se retourna vers ses agresseurs,
et vint à eux le plus vite qu'il put.
Edouard lui appliqua sur le front
un grand coup de hache; l'animal
recula; mais pendant que notre courageux compagnon s'élançait pour
frapper de nouveau, l'ours se jeta
sur lui, et le renversa. L'autre pêcheur, voulant secourir son cama-

rade, fut renversé à son tour. Ce
manége se renouvela.plusieurs fois.
L'énorme bête terrassait les deux
pêcheurs avec tant d'agilité et de
force, que nous les pouvions croire
à tout instant étranglés. Mais nous
nous étions approchés rapidement
du champ de bataille. Je sautai sur
l'île de glace ; Clairancy me suivit,
et nous tombâmes sur l'ours avec
tant de bonheur, qu'il fut enfin as-
sommé.

Clairancy visita aussitôt les débris
du premier ours ; il était déjà à demi
mangé.... et il y avait à peine une
heure qu'il était mort.... Nous ju-
geâmes à propos de le laisser sur la
place, puisque nous en avions un
autre bien entier. Mais, à quatre que
nous étions, il nous fut impossible

de le traîner au canot, qu'après l'avoir dépecé. Sa peau avait huit pieds de long et dix pieds de large. Nous l'étendîmes au fond du canot, où elle nous fit une sorte de matelat. Sa chair était assez bonne; du moins elle fut trouvée telle par tous tant que nous étions; et nous aurions fait un excellent repas, si nous avions eu quelques pintes d'eau. Nous en vécûmes plusieurs jours, et cette viande fraîche ménagea au moins le peu de vivres que nous pouvions posséder.

Cependant cette prétendue terre, que Clairancy avait prise de loin pour le Spitzberg, se laissa enfin reconnaître. Hélas! ce n'était que la glace ferme, et il fallait en traverser plusieurs lieues pour arriver à la côte. Nous ne trouvions d'ailleurs aucune ouverture où nous pussions conduire notre petit esquif.... Il fallut donc nous décider à traîner nos vivres et nos minces provisions de poudre sur la glace, et à revenir ensuite chercher le canot, dont les planches pouvaient servir à nous construire une cabane.

Aussitôt que notre résolution fut prise, Clairancy fit, avec nos rames et nos cordages, un traîneau assez solide. On y plaça un petit tonneau de viande salée, deux grandes caisses de biscuit, deux barils de poudre, le seul baril de vin qui nous restât, et une demi-pipe d'eau-de-vie. Le reste des provisions fut enveloppé dans la peau d'ours, et attaché derrière le traîneau. Nous nous y attelâmes pour ainsi dire, et il fut conduit avec le plus grand bonheur jusqu'au pied de la côte. Elle était si escarpée, que nous fûmes obligés de faire plusieurs voyages pour y déposer toutes nos richesses.

Après cela, quoique nous fussions dans l'état le plus pitoyable, nous nous jetâmes à genoux pour rendre grâces au ciel de l'espèce de faveur qu'il nous accordait, en nous permettant de toucher la terre. — Retournons maintenant au canot, dit ensuite Édouard; puis, sans perdre de temps, nous aviserons aux moyens de nous construire un gîte. Mais l'un de nous doit rester auprès des provisions; car les ours pourraient bien venir les flairer. On proposa unanimement la garde de nos vivres

ou mauseau Martinet, qui, étant
moins robuste que nous, ne pouvait pas beaucoup nous être utile.
Mais ce pauvre jeune homme était
devenu un peu moins poltron, sans
avoir gagné ce courage qui ne se
gagne pas. Notre double victoire sur
les ours lui avait donné plus d'assurance; mais il ne fondait pas sur
lui son espoir de salut, et il avouait
franchement que s'il échappait aux
ours blancs, c'était à l'intrépidité
de ses braves compagnons qu'il en
était redevable. Il nous supplia donc
de l'emmener avec nous. — Si vous
me laissiez ici, nous dit-il, il faudrait encore quelqu'un pour me
garder pendant que je garderais les
provisions; d'ailleurs vous n'auriez
qu'à vous égarer, ne plus retrouver

la route, je resterais seul.... Je veux
partager vos périls, et mourir avec
vous.

On se rendit à ces raisons, et on me
désigna pour demeurer à la place
du Manceau, avec une bonne hache
et deux carabines bien chargées ;
puis, après avoir mangé ensemble
un morceau d'ours et une croûte
de biscuit, mes six compagnons re-
tournèrent au petit bâtiment.

La côte où nous débarquions était
absolument stérile. Pas un arbre;
pas une plante ; pas le moindre in-
dice de végétation. Un sol nu, un
ciel assez pur, des rochers couron-
nés de glaces et de neige, voilà tout
ce qui devait y frapper nos regards.
Je ne vis paraître aucun animal,
je ne reçus aucune visite pendant

toute l'absence de mes compagnons.

'Enfin ils me rejoignirent après six
longues heures de séparation. Il
leur avait été impossible de tirer le
canot hors de l'eau ; ils l'avaient dépecé à coups de hache, et ils en
amenaient les débris sur le rivage.
Je les attendais avec une impatience
inexprimable ; je les revis avec autant de joie que si je les eusse cru
perdus pour toujours en les quit-
tant.

—Nous sommes maintenant hors
d'état de sortir d'ici, nous dit tristement Édouard ; cherchons à nous
y procurer quelque commodité, en
attendant que la providence nous en
tire. Je crains bien que nous n'y
passions l'hiver... Nous ferons, ainsi

que bien d'autres, comme nous
pourrons ; mais allons à la piste
d'une terre moin. gelée que celle-
ci, et bâtissons-y une cabane au plus
vite, car le soleil baisse. En attendant, j'ai vu à deux cents pas d'ici,
entre les glaces, une espèce de baie
que nous n'avions pas remarquée,
et qui est couverte d'arbres et de
morceaux de bois que la mer conduit
sur cette plage ; allez en prendre ;
faites un bon feu ; reposez - vous ;
pour moi je vais à la découverte.
—Mes camarades avaient besoin de
repos ; il firent ce que l'infatigable
Édouard leur conseillait. Quant à
moi, j'étais si las de l'inaction où
l'on m'avait laissé, et j'aurais vu,
avec tant de peine, un de nos compagnons s'éloigner seul de nous, que

je voulus être de moitié dans les peines d'Édouard. Nous partîmes donc, emportant les vœux et l'espoir de la petite troupe.

CHAPITRE IV.

*Découverte d'une cabane. Fontaine
d'eau douce. L'ours blanc.*

Après avoir marché pendant une
heure, sans rien découvrir, j'a-
perçus à dix pas d'un rocher une
vieille mazure, qui me fit tressaillir.
Je la montrai de la main à Edouard.
—Dieu soit béni, s'écria-t-il ! Cette
trouvaille nous épargnera bien des
peines. Ce sont sans doute les restes
d'une cabane, que des malheureux
comme nous auront bâtie dans cette
île, pour y passer l'hiver.... Ainsi,
nous n'aurons que la peine de ré-
parer, sans être obligés de cons-

truire, et avec du courage, nous serons logés dans trois jours !....

Un instant après, nous entrâmes dans la mazure. Les murailles étaient couvertes de glaçons, le toit percé à plusieurs endroits ; mais du reste elle paraissait encore solide. La cheminée, qui était en bon état, nous causa un vif plaisir. Un registre, qui se trouvait dans un coffre, nous apprit que cette cabane avait été bâtie, deux ans avant notre arrivée au Spitzberg, par des matelots hollandais qui y avaient séjourné dix mois. Nous parcourûmes rapidement le journal qu'ils avaient eu la précaution de laisser dans leur gîte : il nous donna plusieurs renseignemens utiles sur les moyens que nous avions à prendre pour subsister dans cette triste contrée, et pour éviter les accidens qui avaient emporté plusieurs d'entre eux.

L'habitation se composait de deux grandes pièces sans fenêtre. Il n'y avait qu'une porte qui nous parut très-solide. Les mûrs étaient composés de bois et de terre, habilement liés ensemble, et soutenus des deux côtés par de longues planches fortement clouées à des pieux énormes. Tout ce travail, qui dût être si pénible, et que nous trouvions pour ainsi dire fait pour nous, releva notre courage. Le toit, formé de vieilles voiles, avait seul besoin d'être restauré ; et nous avions assez de planches pour boucher tous les trous.

Nous retournâmes donc à nos

compagnons, avec des transports de
joie au moins aussi ardens que si
nous avions fait la conquête d'un
nouveau monde. Du plus loin qu'il
nous aperçut, le Manseau accourut à nous. —Bonne nouvelle, nous
cria-t-il, nous avons tué une renne !..
Je dis *nous avons,* parce que j'ai
chargé les fusils ; mais le fait est
qu'il y a une bête de tuée, et qu'on
vous attend pour en manger votre
part. Comme il achevait ces mots,
tous les autres s'approchèrent de
nous, en nous demandant quel était
le fruit de notre course. —Embras-
brassons-nous, mes amis, s'écria
Édouard, nous sommes les souverains du Spitzberg ; un logement
tout bâti nous attend à quelques
milles d'ici !........ Nos compagnons

poussèrent des cris de joie en apprenant les détails de la petite excursion que nous venions de faire; les embrassemens succédèrent aux cris, et la joie encore aux embrassemens.

On avait fait un grand feu pendant notre absence. Cette chaleur porta dans tous nos sens une sorte de volupté. Nous fîmes un cercle autour de la flamme. Alors je fis une seconde énumération de tout ce que nous avions trouvé, et tous les visages s'épanouirent de nouveau, avec cette expression animée que donne à un avare la vue des plus riches trésors. Clairancy, à son tour, nous raconta comment une renne s'était montrée à quelque distance; comment ils l'avaient poursuivie;

tuée, écorchée, découpée, et comment nous en allions faire un bon repas, pour prendre gaîment possession de l'île. En effet, un quartier de renne rôtissait à vue d'œil, suspendu à trois hallebardes croisées. Aussitôt qu'il fut cuit, nous l'attaquâmes, et il fut dévoré du meilleur appétit.

Ensuite on leva le poste, on rechargea toutes les provisions sur le traîneau, on s'y attela comme la première fois, et la petite troupe s'achemina vers la forteresse pour s'y installer. Du plus loin qu'on l'aperçut, chacun salua son toit hospitalier, et tous, la tête découverte, nous appelâmes les bénédictions de l'Éternel sur les braves gens qui avaient bâti la cabane, et qui avaient cu l'humanité d'y laisser, dans leur journal, le fruit de leur expérience.

—Nous voici donc à l'abri, disions-nous tous en y entrant, et nous sommes ici chez nous, ajouta gaîment Edouard.... puis on visita tous les coins de la cabane. Clairancy, qui savait mieux que moi le hollandais, feuilleta le journal de nos devanciers, et nous expliqua tout ce qui pouvait nous intéresser pour le moment. C'était à chaque page des exclamations que je ne pourrais dépeindre. Mais comment exprimer le ravissement qui s'empara de nous tous, quand ce bon garçon français fut, presqu'en pleurant d'aise, le passage que je vais rapporter. Qu'on apprenne seulement, si je ne l'ai pas déjà dit, que

depuis près d'un mois nous n'avions
plus d'eau , et que nous sentions les
approches du scorbut ; on se figu-
rera notre allégresse , quand nous
entendîmes ces paroles , alors plus
douces que le miel : « A cinquante
» pas de la chaumière , derrière le
» rocher , nous avons trouvé une
» source d'eau douce. On apercevra
» au-dessus , une petite croix , que
» nous y avons plantée par recon-
» naissance...... »

Personne ne put se maîtriser assez
pour en écouter davantage. Nous
nous jetâmes hors de la cabane,
comme des enfans qui sortent de
l'étude ; et ce fut à qui arriverait
le premier à la délicieuse source
d'eau douce. Chacun s'y désaltéra à
son aise ; et les plus raisonnables

avalèrent une si grande abondance
d'eau, que je suis encore étonné
que nul de nous n'en ait été malade.
Après avoir bien bu, toute la troupe,
à genoux devant la croix, éleva les
mains au ciel sans proférer une
seule parole, et on ne se retira pas
sans boire une seconde fois avec
autant de sensualité que la première.

Alors, dans une espèce d'ivresse,
nous retournâmes à la cabane sans
plus nous inquiéter pour l'avenir, et
contens de notre destinée. Les plus
agiles d'entre nous grimpèrent sur
le toit de notre palais, les autres
préparèrent les planches ; tout le
monde se mit à la besogne, et les
réparations de notre petit château
s'achevèrent en peu de jours.

Le journal des matelots hollandais

nous avait appris qu'à peu de distance, on trouvait sur le rivage une
large ouverture dans les glaces, où
la mer amoncelait continuellement
un grand nombre d'arbres, qu'elle
apportait du nord de la Russie, ou
de quelques autres pays septentrio-
naux : trois d'entre nous allèrent
visiter cette baie, pendant que les
autres plaçaient les provisions et la
poudre dans la seconde pièce de la
cabane. La chambre où se trouvait
la cheminée était assez vaste pour
nous servir aisément de cuisine, de
salle à manger et de dortoir. Bientôt Clairancy, Edouard et Martinet,
qui avaient été envoyés à la découverte, revinrent à nous, les deux
premiers traînant deux petits troncs
d'arbres, qui furent coupés en pièces

et mis au feu. Le Manseau, tout fier
de sa charge, rapportait sur ses
épaules un énorme poisson, qui
pesait au moins soixante livres, et
qu'il avait trouvé encore vivant sur
le rivage. On en fit cuire sur-le-
champ une partie, et on plaça le
reste au frais. Clairancy nous apprit
que le journal hollandais ne nous
avait point trompé, et que nous
avions, tout près de nous, plus de
bois que nous n'en pourrions brûler
dans le plus rude hiver. Le Manseau, de son côté, voyant qu'on se
réjouissait de la bonne rencontre
qu'il venait de faire, nous déclara
qu'il espérait bien en avoir souvent
de pareilles, parce qu'il était heureux en découvertes, lorsqu'il n'é-
tait pas sur mer.

Son propos nous divertit, parcequ'il flattait notre espoir. Sans être superstitieux, l'homme, dans le malheur, aime à se bercer de toutes les illusions ; et il n'y en eut peut-être pas un dans notre petite société qui ne se persuadât qu'en cas de besoin, Martinet serait, par ses trouvailles, le nourricier de la troupe.

Nos vivres étaient presqu'épuisés; nous avions vécu plusieurs jours de chair d'ours ; le poisson du Manseau nous fit six bons repas, égayés par l'eau douce de notre bonne source. Nous ménagions le peu de vin et quelques livres de biscuit qui nous restaient, pour les maladies qui pourraient survenir.

Quand le poisson fut presque tout mangé, nous songeâmes à aller à la

chasse aux ours, car ils ne s'étaient
pas encore présentés aux environs
de la cabane. Mais avant de partir,
Martinet nous dit qu'il voulait d'a-
bord faire une excursion moins dan-
gereuse : j'ai le pressentiment, ajouta-t-il, que j'aurai aujourd'hui une
heureuse rencontre. En disant ces
mots, il s'achemina sur le rivage, et
chercha vainement, de tous ses yeux,
quelqu'autre poisson jeté sur le sa-
ble, comme le premier.

Nous l'attendions depuis assez
long-temps, sans qu'il reparût. Je
sortis de la cabane, pour voir s'il
ne revenait point ; je l'aperçus tourné
vers la mer, qu'il considérait uniquement, et à qui il semblait demander à manger. En même temps
je distinguai, à trente pas de lui,

un grand ours blanc , debout sur
ses pattes de derrière , appuyé contre
un roc, et guettant , sans en être
vu , le malheureux Manseau.... ·

Je retins un cri prêt à s'échapper
de ma bouche ; je rentrai d'un saut
dans la cabane ; je saisis une carabine , en criant à mes compagnons
de prendre leurs armes et de me
suivre.... En ce moment , une voix
déchirante se fait entendre , et de-
mande du secours.... Notre sang se
glace, à la pensée que Martinet est
entre les griffes de l'ours..... Nous
nous hâtons de sortir , moitié tremblant de tous nos membres , moitié
courant de toutes nos forces.... Ah !
combien nous fûmes soulagés en
revoyant notre pauvre camarade
encore sur ses jambes, mais fuyant

devant l'horrible animal qui le
poursuivait en grommelant..... Clairancy, plus avancé que nous, déchargea son mousquet. L'ours s'arrêta subitement.... puis, voyant que
nous étions en nombre, il se mit en
disposition de fuir. Ne le laissons
pas échapper, s'écria Edouard, en
lui lançant trois balles dans le flanc,
et en courant sur lui la hache à la
main... Chacun l'imita. L'ours blessé
et furieux se défendit assez long-
temps, mais nous eûmes le bonheur
de l'expédier; et Martinet, un peu
revenu de sa terreur, eut le courage
de donner un coup de hache sur la
tête de son ennemi terrassé.

On applaudit généralement à cet
acte de bravoure. Cependant, répliqua le Manseau, je vous déclare que

je ne sors plus seul. Emportons la bête, puisqu'elle est tuée ; mais elle ne cessera de me faire peur que quand nous l'aurons dépecée.

Cet ours était plus maigre que le précédent ; néanmoins sa chair fut trouvée assez bonne ; d'ailleurs les peaux de ces énormes bêtes nous servaient de lits, et tout le monde sait qu'elles sont d'une grande ressource contre le froid.

CHAPITRE V.

Rencontre inattendue. Récit de Tristan.

Cᴇᴛᴛᴇ prise nous mit en bonne
humeur. Edouard, qui s'entendait
passablement à découper les viandes,
tailla un bon morceau d'ours en
grillades, et nous dit qu'il allait faire
un beefsteck pendant que nous
acheverions de dépouiller l'animal,
et que nous exposerions sa peau au
soleil, pour la sécher. L'odeur de
la grillade nous alléchait trop déli-
cieusement, pour que nous fussions
lents en besogne; l'ours fut bientôt
en pièces, et sa peau étendue sur
le toit de notre cabane. Après cela

chacun se rangea autour de la cheminée, disposé à faire honneur au
beefsteck d'ours.

Nous mangions fort gaîment,
quand nous entendîmes marcher
autour de la cabane. Tout le monde
prêta l'oreille.... Le bruit s'était ar-
rêté devant notre porte. Martinet
s'écria que ce ne pouvait être qu'un
ou plusieurs ours blancs, qui venaient venger la mort de leur con-
frère, ou tout au moins nous enlever la peau, que nous avions
laissée dehors.....

Cette conjecture nous parut si
vraisemblable, que chacun se leva
d'un mouvement spontané, et sauta
sur ses armes, pour marcher contre
l'ennemi. Mais au moment que nous
nous disposions à sortir en bon or-

dre, le même bruit se fit entendre
de nouveau. Plusieurs voix se mê-
laient au mouvement des pas, et
articulaient des sons que l'épaisseur
de la muraille nous empêchait de
distinguer. — Je suis sûr que c'est
une bande d'ours, répétait d'une
voix tremblante le timide Manseau;
vous les entendez! et vous voulez
vous montrer? — Moi, je présume
que ce sont des hommes, répondit
Clairancy, en prenant le verrou de
la porte, et il faut les voir. — Ar-
rêtons, répliqua vivement Martinet,
les hommes de ce désert, s'il y a
des hommes ici, ne peuvent être
que des antropophages, et nous serons aussi mal traités par eux que
par les ours blancs.   —

Comme il disait ces mots, on

frappa trois ou quatre coups à notre porte. Barricadons-nous, s'écria le Manseau en frissonnant. — Tais-toi, poltron, répondit Clairancy impatienté, les habitans du Spit-berg ne peuvent être que des malheureux, qui nous donneront quelques secours, s'ils en ont le pouvoir, et en réclameront de nous, s'ils en ont besoin. En même temps il ouvrit la porte. Cependant nous tenions tous nos armes au bras.....

Mais dix hommes sont devant nous, dans l'état le plus déplorable... Dieu de bonté ! quel fut nôtre étonnement, quand nos yeux reconnurent, dans ces spectres vivans, une partie de nos compagnons, que nous avions perdus de vue avec le grand canot !... et quelle fut l'agréable

surprise de ces pauvres gens, en
retrouvant dans la cabane, sept de
leurs amis d'infortune. On resta long-
temps des deux côtés immobiles,
stupéfaits ; chacun se croyait trompé
par ses yeux, ou abusé par les pres-
tiges d'un songe.

Enfin, on se parla, on se reconnut ; on s'embrassa avec la plus
affectueuse tendresse. Des larmes
coulèrent de tous les yeux ; nul ne
doutait plus s'il dormait ou s'il était
bien éveillé, et, néanmoins, nous
nous touchions mutuellement, pour
nous assurer que nous n'avions pas
devant les yeux de vaines ombres.
Edouard fut le premier à maîtriser
son imagination, et à concevoir que
le grand canot pouvait s'être sauvé
aussi heureusement que le nôtre ;

c'est pourquoi il interrompit nos extravagances. — Toutes nos niaiseries sentimentales sont bonnes, nous dit-il ; mais il y en a assez. Nos camarades ont faim : qu'ils achèvent le beefsteck ; j'en vais couper quelques autres tranches, et nous jaserons à l'aise, la bouchée à la main.

Nous n'avions pas encore songé à faire entrer les nouveaux venus dans la cabane, tant leur apparition subite nous avait troublé la tête. Les paroles d'Edouard nous rappelèrent à notre devoir. Nous fîmes donc les honneurs de la maison ; et nos pauvres compagnons achevèrent notre dîner, avec une faim dévorante.

Pendant qu'ils commençaient de manger, Edouard prit un grand couteau, et alla à la seconde chambre

de notre habitation , qui nous servait, comme je l'ai dit, d'arsenal et
de magasin à vivres ; mais elle était
fermée en dedans. Alors nous nous
aperçûmes que le Manseau avait
disparu, et qu'il s'était réfugié dans
cette pièce, pour échapper aux ours
ou aux antropophages à qui nous
ouvrions la porte. Edouard l'appela,
lui commanda d'ouvrir, et lui dit
de venir voir ses compagnons du
grand canot. Il refusa long-temps de
paraître, en disant que ces gens-là
étaient morts , et qu'il ne reconnais-
sait pas la voix qui lui parlait ; mais
enfin, il ouvrit , et se montra. Il
était si pâle et si défait , que personne n'eut le courage de lui faire
des reproches. Les frayeurs de son
imagination le tourmentaient suffi-

samment ; tout le monde se contenta
dé le plaindre, et chercha à le rassurer. Après qu'il eut bien considéré
nos convives, il se remit peu à peu,
et finit par se réjouir de voir la
société augmentée, parce qu'il en
résulterait nécessairement plus de
sûreté pour toute la troupe. Je lui
demandai alors à quoi il songeait en
se séparant de nous, et s'il comp-
tait vivre seul quand il nous aurait
perdus ? — Que voulez-vous, répondit-il naïvement ? la peur m'avait
déjà à demi tué quand vous avez
ouvert la porte ; le plus petit coup
de fusil que vous eussiez tiré, le
moindre cri de votre part, m'auraient peut-être achevé...... mais je
suis comme cela, malheureusement.

En ce moment, Edouard s'ap-

procha de la cheminée , et étendit
sur la braise ardente de larges tranches d'ours. Vous avez peu mangé,
dit-il aux nouveaux venus ; ceci ache-
vera de vous restaurer. En attendant,
apprenez-nous par quel heureux
hasard nous nous retrouvons dans
ce triste désert , je vous conterai
ensuite nos aventures.

Le plus jeune d'entre nos convives,
ayant achevé son morceau de beefsteck, prit la parole. C'était un Bour-
guignon, d'environ vingt-cinq ans :
il se nommait Tristan, et faisait le
métier de pêcheur ; il était au reste
le seul Français que le grand canot
eût sauvé , et parlait l'anglais aussi
bien que sa langue naturelle.

« Vous vous rappelez, nous dit-il,

qu'après la funeste catastrophe de la chaloupe, le spectacle de nos malheureux compagnons emportés par les ours, nous força de gagner au large. Le grand canot qui nous portait échappa bientôt à vos regards ; vous nous pensiez sans doute loin de vous, et nous étions à peine à une demi-lieue, engagés entre des glaçons, quand nous vous aperçûmes voguant heureusement vers le Spitzberg. Vous étiez trop avancés pour entendre nos cris et la décharge de quelques mousquets, puisque nous cessâmes de vous voir après vous avoir inutilement appelés pendant quelques minutes.

» Alors, nous trouvant seuls au milieu de la mer Glaciale, nous ne songeâmes plus qu'à nous dégager

des rochers de glace , à suivre la
route que nous vous avions vu tenir , et à vous rejoindre , si la bonne
fortune nous le permettait.

» Pendant que nous travaillions
tous avec le plus grand zèle , à briser
un banc de glace qui nous barrait le
passage , un coup de vent , sans doute
envoyé par le ciel à notre secours,
poussa en avant un des rochers flottans contre lequel nous étions presque appuyés. Chacun frémit d'abord
d'éprouver le sort de la chaloupe;
mais nous fûmes en un instant ras-
surés : la mer s'ouvrit devant nous ,
et sembla nous livrer le passage.

» Déjà les rames étaient en jeu
pour seconder le vent favorable ,
quand le battement de l'eau qui se
fit entendre derrière le canot, attira

notre attention et nos regards. Un
monstre d'une énorme grandeur ,
que nous prîmes pour un cheval
marin, poursuivait à la nage trois
de nos pauvres compagnons de la
chaloupe. Ces malheureux étaient
cramponnés à une longue solive, et
comme ils n'avaient point d'armes,
ils ne pouvaient se défendre contre
la bête, qu'en lui présentant continuellement d'une des extrémités de
la pièce de bois sur laquelle ils
étaient assis. Mais toutes les peines
qu'ils se donnaient ne rebutaient
point le monstre, et ne faisaient que
retarder de quelques minutes le
moment de la mort, si, pour leur
bonheur, l'accident que je vous ai
dit ne nous eût arrêtés dans une
distance peu éloignée.

» Du moment qu'ils nous aperçurent, ils élevèrent leurs bras vers nous, poussèrent des cris de détresse, et nous appelèrent à leur secours, d'une voix presqu'expirante. Le cruel animal les serrait de si près, que nous n'osions nous flatter d'arriver assez tôt auprès d'eux pour les sauver. Toutefois, on força de rames, et le canot n'était plus séparé de la solive que d'environ cent brasses, quand l'un des naufragés qu'il portait, épuisé sans doute de tant de fatigues, tomba dans la mer; le monstre s'élança..... »

— Ici, une clameur d'effroi poussée par un matelot, interrompit le récit de Tristan, et mit l'agitation dans l'âme de tous ses auditeurs.

On entendit marcher lourdement sur le toit de la cabane ; le jour qui entrait par la cheminée fut subitement intercepté. Clairancy s'élança sous le foyer, pour regarder ce qui pouvait produire ce bruit et cette obscurité soudaine. Il recula en frémissant, à l'aspect d'une tête de monstre qui se montrait sur le tuyau de la cheminée, et qu'il ne pouvait définir ; il nous cria en même temps de prendre encore une fois nos armes.

CHAPITRE VI.

Suite du récit de Tristan. Réunion
des deux troupes.

Le toit de notre cabane formait
une pente assez douce, qui descen-
dait jusqu'à terre, du côté opposé
à la porte. L'animal qui nous in-
quiétait n'avait pas eu de peine à
grimper par-là jusqu'au tuyau de
la cheminée, et l'extrémité n'en était
pas assez solide pour nous rassurer ;
il pouvait l'ébranler par ses mouvemens, et nous jeter dans un grand
embarras ; mais il se tenait immo-
bile au-dessus de l'ouverture, attaché sans doute par la fumée de la

grillade, ou cherchant les moyens de s'approcher de nous.

Nous prenions tous nos carabines et nos haches, sans savoir au juste contre quel ennemi nous allions marcher. Cependant nous aurions dû le deviner de suite, car il n'y a que les ours blancs et quelques espèces de renards qui fréquentent le Spitzberg; or nous n'étions pas encore dans la saison de ces petits animaux, et le museau qui avait effrayé Clairancy, était plus gros que le corps entier d'un renard du nord.

Aussitôt que nous fûmes dehors, et que nos yeux se portèrent sur le toit de la cabane, nous reconnûmes encore un ours blanc; mais il nous eut à peine entrevus en si -grand

nombre, qu'il descendit au plus
vite, et s'enfuit à si grands pas, qu'il
fallut renoncer à l'espoir d'en faire
curée.

On rentra donc dans la cabane,
après avoir regardé de toutes parts
si rien ne se présentait. Le beefsteck
était bien cuit ; chacun se disposa à
en prendre sa part ; et Tristan, tout
en expédiant la sienne, voulut bien
nous achever son récit.

» Je vous disais, reprit-il, que le
grand canot était à cent brasses, ou
environ, de la solive qui portait nos
trois camarades, quand l'un d'eux
tomba dans la mer, épuisé par le
travail et par des peines au-dessus
de ses forces. Le monstre s'élança
aussitôt sur lui ; il nous fut impos-

sible de le poursuivre. Notre pauvre camarade ne reparut point , et il fallut nous contenter d'avoir sauvé, dans les deux autres compagnons de la solive, le capitaine et le maître de l'équipage.....

» — Quoi ! le capitaine est sauvé ! s'écria aussitôt la troupe du petit canot; que le ciel en soit béni !.....

» — Oui , reprit Tristan , il a échappé à la mort ; et s'il nous en est redevable, nous lui devons aussi, depuis que nous sommes au Spitzberg, la conservation de notre frêle existence.

» — Mais où l'avez-vous laissé?....

» — Vous allez le savoir : écoutez d'abord le reste de nos aventures , que je pourrai vous achever en peu de mots. Du moment que le capitaine et le maître de l'équipage mirent le pied dans notre canot, il se trouva chargé de vingt et une personnes; mais nous n'avions bientôt plus de vivres, et nous étions à la veille de manquer d'eau. Nos deux anciens maîtres, que nous venions de sauver, et que le malheur avait rendus nos égaux, prirent d'abord quelques verres de vin, qui les restaurèrent bien vite, grâce à leur tempéramment robuste; et après une heure de repos, le capitaine se chargea de diriger notre route.

» Le bâtiment erra pendant six jours au milieu des glaces et des périls multipliés. Alors enfin nous aperçûmes le Spitzberg; mais la glace ferme nous en interdisait l'approche. Ce ne fut que par de longs

et pénibles détours, que nous pûmes
découvrir une ouverture qui nous
conduisit au rivage. Je ne vous pein-
drai point la joie qui nous transporta
en touchant la terre; vous avez dû
la ressentir aussi vive que la nôtre,
quoique cette affreuse contrée soit
plutôt un tombeau qu'un asile.

» Comme nous n'avions plus d'eau
douce, plusieurs d'entre nous avaient
eu l'imprudence de boire de l'eau
de la mer; quatre en moururent le
jour même qu'ils débarquèrent, et
notre premier soin fut de les inhu-
mer. Cette triste cérémonie nous
plongea dans un deuil amer. Quelques-uns de nos compagnons disaient en pleurant, que nous devions
être jaloux de la destinée de ceux
que nous mettions en terre ; qu'ils

étaient plus heureux que nous, et
que la mort qui les tirait de peine,
ne viendrait sans doute nous frapper
qu'après que nous aurions éprouvé
encore de plus grands maux.

» Le capitaine parvint à rassurer
toute la troupe affligée : il nous
rappela que plusieurs naufragés
avaient passé des années entières
dans les déserts du nord, et qu'avec
de la bonne volonté et du courage,
nous pouvions espérer de revoir
l'Europe. Il nous éloigna bientôt du
lieu où nous avions déposé les morts,
et nous conduisit à la découverte
d'une source d'eau douce. Nous fûmes assez heureux pour en trouver
une à peu de distance; et après nous
y être désaltérés, après avoir bu à
longs traits cette liqueur salutaire,

pour laquelle nous aurions dédaigné
tous les sorbets et tous les meilleurs
vins du monde, il fut décidé que
noùs nous bâtirions une cabane
auprès de la source.

» On retourna donc aussitôt au
canot, pour le tirer à sec. Au moment que nous nous y disposions,
le maître de l'équipage aperçut en
mer, sous la portée du mousquet,
une vache marine accompagnée de
son veau; il nous proposa d'en faire
la pêche, ce qui fut agréé généralement.

» Le canot s'avança doucement
vers l'animal, qui ne paraissait pas
très-farouche, et qui n'eut pas le
temps de nous éviter. Deux pêcheurs
jetèrent un harpon avec tant d'a-
dresse, que la vache fut prise,

assommée et placée dans le petit
navire. Nous songions encore à nous
emparer du jeune veau ; il se laissa
prendre pour ainsi dire, car dès
qu'il vit sa mère enlevée et placée
dans le canot, il ne s'en éloigna
plus, et sembla ne chercher qu'à se
rapprocher de la vache. Ainsi cette
pêche nous fournit abondamment
de quoi vivre quelques jours.

» De retour au rivage, le canot fut
tiré à sec, et quoique nous fussions
en nombre, notre épuisement était
tel que ce travail nous donna bien
des peines. On fit ensuite dans notre
troupe ce qui s'est fait dans la vôtre,
on traîna le canot jusqu'à la source
d'eau douce, on le brisa, et on y
construisit une cabane ; mais nous
n'avions pas, comme vous, trouvé la

besogne déjà faite, c'est pourquoi
le travail fut long et pénible, et il
n'en résulta qu'une mauvaise cahutte sans solidité, où nous pouvons tenir à peine entassés les uns
sur les autres. Hélas ! si nous avions
su vous trouver si près de nous !....
mais la faim qui nous force à chasser aux ours pour subsister, et le
plus heureux des hasards, nous ont
réunis...... Quand je vous aurai dit
que le capitaine et nos six autres
compagnons sont malades dans notre
triste gîte, et que nous ne sommes
séparés que par une petite heure
de chemin, vous saurez tout le reste
de nos aventures.....

» — Une petite heure de chemin,
s'écria Edouard ! hâtons-nous d'expédier notre dîner, et allons consoler

nos pauvres malades. Ils seront
mieux ici, à coup sûr, que dans
leur triste taudis !...... nous avons
quelques brocs de vin qui leur ren-
dront au moins les forces ! »

Ce propos était trop bien l'avis de
toute la troupe, pour qu'il ne fût
pas sur-le-champ généralement
adopté. On dépêcha bien vite le
beefsteck d'ours, après quoi nous
nous mîmes tous en route pour
la cahutte où gisaient les malades.
Nous avions fermé solidement la
porte ; et sur le conseil de Clairancy, nous emportions nos trois
peaux d'ours, pour en envelopper
nos compagnons souffrans.

Les transports mutuels de joie et
d'attendrissement qui avaient ac-
compagné notre reconnaissance avec

nos dix premiers camarades , se
renouvelèrent quand nous pûmes
embrasser les malades , et sur-tout
le capitaine, que nous aimions généralement ; et des larmes de plaisir
coulèrent abondamment de leurs
yeux, quand nous leur annonçâmes
un gîte commode, une bonne cheminée, un reste de vin , un peu
d'eau-de-vie et quelques croûtes de
biscuit. Cette amélioration inattendue de leur destinée sembla leur
rendre la santé : ils se levèrent tous,
et demandèrent à voir sur-le-champ
la bienheureuse cabane.

On se rappelle que le grand canot avait sauvé, au moment où le
vaisseau coula à fond, trois paniers
pleins de volaille ; il en restait encore un , qu'on ménageait pour les

1.   8

malades, et qui était à peine en-
tamé. Edouard, qui s'entendait fort
bien en cuisine, prit ce panier sur
son dos, et partit en avant, avec
cinq pêcheurs chargés de divers
ustensiles et de munitions. Les malades déclarèrent qu'ils n'avaient
pas besoin de nos peaux d'ours;
que la joie les avait réchauffés, et
qu'ils voulaient marcher libres. Chacun prit donc dans la cahutte tout
ce qui put s'emporter : on la ferma
aussi bien que possible, et ensuite,
au nombre de vingt-quatre, dont
six en avant, nous reprîmes le chemin de la cabane hospitalière.

CHAPITRE VII.

Famine prochaine. Approche de l'hi-
ver. Départ de la cabane.

Aussitôt que nous fûmes arrivés,
les malades se placèrent autour du
feu, et les avantages d'une bónne
cheminée leur donnèrent tant de
ravissement, qu'ils en étaient presqu'en extase.

Edouard faisait cuire deux grosses
poules dans un pot de terre qui
nous servait de marmite; il rompit
quelques morceaux de biscuit dans
le bouillon, et servit aux malades
une soupe qu'ils trouvèrent délicieuse. Ces pauvres gens, qui n'é-

taient qu'épuisés, se rétablirent en
moins de deux jours, avec la chair
des deux poules et quelques verres
de vin, tellement que toute la troupe
se trouva entièrement bien portante.
Mais nous étions devenus nombreux,
et il fallait trouver de quoi vivre.
C'est pourquoi il fut résolu que la
moitié de la troupe resterait alternativement dans la cabane pendant
que l'autre moitié irait à la chasse,
car les ours ne se montraient que
rarement, et à une distance raison-
nable de notre habitation.

Durant quelques jours, ce genre
de vie fut supportable, puisque nous
n'allions guère à la chasse sans
rapporter un ours ou une renne.
Comme la prise de ces animaux ne
se faisait jamais sans nous causer

bien des peines, et que c'était tous les jours les mêmes périls, nous ne nous arrêterons pas à en donner ici les détails; on les connaît assez, et par ce que nous avons dit dans les chapitres précédens, et par ce qu'on peut avoir lu dans les différens voyages au nord.

Mais nous étions déjà dans le mois d'octobre : la grande nuit approchait, les ours s'éloignaient de jour en jour; et toutes les ressources de notre imagination ne nous présentaient aucuns moyens, aucune espérance d'éviter la famine et la mort la plus affreuse, pendant une nuit de plus de trois mois.

Nous ne devions revoir les ours, qui étaient devenus notre aliment ordinaire, qu'au retour du soleil.

Nous savions bien qu'une certaine espèce de renards se montre au midi du Spitzberg quand les ours se sont retirés ; mais ces animaux, dont la chair est, dit-on, excellente, ne sont pas de taille à rassasier seulement six personnes ; il n'est pas facile de les prendre, et quand nous aurions pu nous flatter d'en attraper un par jour, en tendant bien des piéges, nous étions vingt-quatre à vivre, et il faudrait nécessairement mourir de faim.

Un soir, que je m'occupais de la tristesse de notre avenir, et qu'en calculant nos besoins avec le reste de nos provisions, j'en voyais avec effroi le terme éloigné au plus de quinze jours, Clairancy s'approcha de moi, et me demanda de quoi

j'ôccupais mes pensées : je lui expo-
sai franchement mes frayeurs.— Elles
égalent les miennes, me répondit-il ;
et tous tant que nous sommes, nous
nous laissons ronger par les plus
noires inquiétudes, sans oser nous
les communiquer. Nous devons tous
sentir que la mort s'avance, terrible,
prochaine, inévitable. Le froid glace
déjà nos membres ; que sera-ce
quand nous n'aurons plus d'alimens,
quand nous ne verrons plus la lumière consolante de ce soleil qui va
nous quitter. Hélas ! dans quinze
jours, la nuit, la faim, et le sommeil
éternel après la plus désespérante
agonie !..... — Malheur ! m'écriai-je,
malheur à celui qui mourra le dernier ! il restera seul sur les cadavres
de ses compagnons.... sa paupière se

fermera, ses adieux à la vie se perdront dans le silence du désert.......
Le toit de cette cabane lui servira de cercueil, et les neiges du nord couvriront sa tombe, en attendant que l'ours affamé vienne se repaître de sa dépouille glacée........

Pendant que je m'abandonnais à ce délire du désespoir, douze de nos compagnons partis ce jour-là à la chasse, rentrèrent les mains vides et mourant de froid. — Plus d'espoir, nous dirent-ils en ouvrant la porte, les ours se retirent vers le nord, il faut trouver d'autres alimens ou mourir. Au reste, si le froid augmente, il nous sera bientôt impossible d'y résister.

L'hiver était déjà en effet si violent, que nous n'osions plus sortir.

Ceux qui étaient obligés d'aller à la
chasse se couvraient de peaux d'ours,
et n'en étaient pas moins glacés par
le froid. La neige tombait par intervalles ; l'air devenait brumeux et
humide ; puis , au bout d'un instant , sec et glacé. Dès que nous
mettions le pied dehors, le souffle
de la respiration se gelait, pour ainsi
dire, et le froid nous faisait croître,
dans les oreilles, à l'entrée du nez,
sur les lèvres, des pustules noirâtres qui nous causaient des douleurs
incroyables. Quand nous trempions
nos chemises dans l'eau bouillante,
pour les laver, elles devenaient roi-
des comme des glaçons en sortant
du vase, si nous faisions cette opération loin de la cheminée : tout nous
présageait l'hiver le plus rigoureux.

Après que nos compagnons eurent un peu dissipé, devant un feu bien ardent, le froid qui les avait engourdis dans leur malheureuse excursion, on se disposa tristement à dîner : tout le monde gardait le silence ; le capitaine le rompit le premier, et voulut nous donner un peu de cette philosophie qu'il n'avait plus lui-même. — C'est en vain, interrompit Clairancy, que nous chercherions à nous bercer d'illusions chimériques : le réveil est trop prochain, et il serait trop pénible ; il faudrait un miracle pour nous sauver tous, et nous n'en devons point ttendre; mais avant de souhaiter a mort, cherchons encore à l'éviter: tentons ce que personne avant nous n'a osé entreprendre. Je pensais

qu'en sortant de ce désert funeste,
où le malheur nous a relégués, les
ours blancs se retiraient tous, à
l'approche de l'hiver, dans des contrées plus méridionales ; mais puisque nos compagnons ont aperçu
quelques-uns de ces horribles animaux s'avancer au nord du Spitzberg, pour y passer la longue nuit,
j'en conclus qu'en nous enfonçant
plus avant dans les terres, nous
éprouverions des froids moins rigoureux. Tous ceux qui ont hiverné
sur ces côtes se sont obstinés à rester sur le rivage : cent sur cent-un
y sont morts : le même sort nous
attend, notre vie n'est plus qu'un
songe ; hasardons ce peu qui nous
reste : qui sait si nous ne pourrons
pas le conserver ?.....

— Je le vois, reprit en gémissant le capitaine, toutes les têtes se dérangent; les plus sages d'entre nous déraisonnent... heureux si leur folie déguisait à leurs yeux l'horreur des derniers momens !....

— Je déraisonne moins que jamais, s'écria Clairancy : les ours, qui vivent auprès de nous pendant l'été, s'éloignent avec le soleil : s'ils allaient chercher un climat plus froid que celui du rivage, ou ils ne nous visiteraient pas pendant la chaleur, ou nous les verrions également pendant l'hiver.....

— La fuite des ours, répliqua le maître de l'équipage, au cas qu'elle se dirige vers le nord du Spitzberg, comme nos compagnons ont cru le voir, ne signifie rien, sinon que ces animaux vont passer la mauvaise saison dans quelques antres écartés, ou dans quelques contrées plus abritées que celles-ci.

— Eh bien ! interrompit Edouard, qui commençait à prendre le parti de Clairancy, ce serait dans ces antres, dans ces contrées abritées , que nous pourrions passer l'hiver ; nous aurions le voisinage des ours, nous pourrions chasser, et vivre..... D'ailleurs, qui sait si nous ne trouverions pas, un peu plus loin de la mer, quelque végétation, quelques bois inconnus en Europe...... La nature est-elle donc entièrement morte dans le nord ?....

— Les neiges doivent aussi être moins épaisses en avançant dans les terres, ajouta Clairancy ; le vent

de la mer y souffle avec moins de
violence, que sur le rivage : les
montagnes de glace qui flottent autour de ces côtes, doivent bien plus
y refroidir l'air que dans le plein
pays..... mais je vois que mon sentiment n'est pas celui de toute la
troupe. Que trois d'entre nous con-
sentent seulement à me suivre, nous
marcherons pendant deux jours à
la découverte, et nous serons de
retour ici avant le coucher du soleil, avec de bonnes nouvelles.

Le plus grand nombre se récria
contre cette proposition, et fit tous
les efforts imaginables pour détourner l'intrépide Clairancy de son projet ; mais il déclara fermement que
rien ne pourrait l'empêcher de tenter une entreprise qui flattait au

moins ses espérances. — Si je succombe, ajouta-t-il, je ne ferai que mourir quelques jours plutôt ; et dans la position où nous sommes , on peut quitter la vie sans faire un grand sacrifice.

Edouard, aussi entreprenant que Clairancy , voulut l'accompagner, et se rangea le premier au nombre de ceux qui devaient marcher au nord. Tristan, qui ne pouvait envisager sans horreur la mort prochaine, fit le troisième , en disant que bien des hommes avaient su éviter le trépas, en affrontant les périls qui semblent prêts à le donner. L'amitié qui me liait intimement à ces trois garçons, me conseillait déjà de les suivre ; et leur ton décidé me fit prendre sur-le-champ mon parti.

Mais Edouard ne trouvait pas que notre petit nombre fût suffisant ; c'est pourquoi il débaucha un jeune matelot anglais, qui lui était très-attaché , à partager l'honneur de l'expédition. Tristan, de son côté, fit concevoir au manseau Martinet, qu'il allait mourir de faim et de froid dans la cabane, au lieu que s'il voulait venir avec nous, il aurait au moins à manger, car les ours ne nous manqueraient pas ; et que du reste , on ne l'obligerait point à chasser , ni à rien faire de périlleux, mais seulement à porter les provisions.—En ce cas, répondit le Manseau, je vous suis : mourir pour mourir, autant ailleurs qu'ici ; et le plus tard est le mieux.

Ainsi nous nous trouvions six

décidés à partir : nous nous fîmes des bonnets et des espèces de gants de peau d'ours ; chacun de nous se chargea de dix livres de chair cuite, de cinq livres de poudre et d'un bon paquet de plomb. Nous avions en outre six carabines , autant de pistolets , trois haches , une hallebarde , un grand couteau de chasse et quelques vieilles cordes. On chargea une botte de bois sur le dos du Manseau , et chacun de nous se r sur les épaules quelques petites bûches sèches , pour les premières haltes , remettant le reste à la providence.

Le matelot d'Edouard , qui se nommait Williams, se munit d'une grosse gourde d'eau-de-vie et d'une bouteille de vinaigre, qu'il attacha au bout de sa hallebarde, et nous sortîmes de la cabane dans l'attirail le plus bizarre que j'aie jamais pu voir. Nos dix-huit compagnons, qui ne purent se décider à nous suivre, nous conduisirent quelques pas, en pleurant à chaudes larmes. Clairancy, craignant que leur douleur n'affectât quelqu'un de nous, leur conseilla de rentrer. Ils nous embrassèrent donc, persuadés qu'ils nous perdaient pour toujours, et nous quittèrent en nous disant le plus triste adieu.

CHAPITRE VIII.

*Excursion dans le Spitzberg. La ca-
verne de l'ours blanc.*

Nos yeux se tournèrent vers la
cabane, quand les pauvres camarades que nous y laissions y furent
rentrés, et nos larmes coulèrent
abondamment ; quelle allait être
leur destinée ? et quelle serait la
nôtre ?..... Nous abandonnions, sans
doute pour ne plus les revoir, ceux
que le malheur nous avait rendus
si chers, et nous allions au devant
d'une mort presque certaine ; mais,
dans la cabane, elle nous semblait
infaillible..... Ne nous arrétons pas

plus long-temps sur de tristes idées,
dit Edouard, et cessons de regretter
la cabane. Nous trouverons peut-
être, à quelques lieues, une subsis-
tance assurée ; nous pourrons alors
revenir auprès de nos amis, leur en
faire part, et nous aurons encore
le plaisir de conserver leurs jours.
Si le ciel en ordonne autrement,
nous n'aurons pas du moins la douleur de les voir lutter avec la mort.
Après cela, il déclama avec emphâse
ces quatre vers d'un poëte anglais :

La nature est par-tout notre mère commune :
Accablés par les maux, trahis par la fortune,
Les mortels ses enfans la trouvent en tout lieu ;
Les déserts ont aussi leur nature et leur dieu.

Quoique cette pensée ne fût pas
tout à fait juste, dans la situation où
nous nous trouvions, elle fut vive-

ment applaudie, et soutint notre
courage. Clairancy voulut aussi nous
affermir par de belles sentences ; il
nous débita tout ce que sa mémoire
put lui fournir de plus philosophique, et termina son sermon par ces
beaux vers de Racine :

> Dieu laisse-t-il jamais ses enfans en besoin ?
> Aux petits des oiseaux il donne leur pâture,
> Et sa bonté s'étend sur toute la nature.

— Malheureusement, s'écria Williams, la comparaison cloche ici,
car il n'y a pas plus d'oiseaux dans
le Spitzberg que de poils dans ma
main. — Tu n'en sais rien, répliqua
Tristan, personne n'a visité que les
côtes du grand désert, et on ne
doit pas juger d'une auberge sur
l'enseigne.

En ce moment le Manseau s'arrêta, pour nous demander si nous avions une boussole?... et nous nous aperçûmes que nous avions oublié d'en prendre une..... N'importe, interrompit Edouard, nous ne retournerons pas à la hutte pour une semblable vétille. Le pays est trop plat et trop découvert, pour que nous puissions craindre de nous perdre; avançons donc, et sans inquiétude; tant que le soleil sera dernière nous, il sera notre boussole et notre guide.

Le froid, qui nous avait paru d'abord extrêmement rigoureux, devenait moins insupportable à mesure que nous avancions au nord, soit que l'exercice d'une marche rapide, joint au poids de nos provisions et de nos armes, nous donnât quelque chaleur, soit que l'air fût en effet moins vif en pleine terre que sur la côte; et nous faisions notre route plus gaîment que nous ne l'avions commencée.

Après avoir marché pendant six grandes heures sans reprendre haleine, la fatigue nous obligea à faire une pause. Nous nous arrêtâmes au pied d'un petit tertre pierreux et aride comme tout le reste. Chacun se plaça à l'abri du vent, on déchargea les provisions et les armes, et on délibéra si l'on entamerait les provisions de bois. Le froid était vif, mais nous nous trouvions si bien abrités, que nous eûmes tous le courage de le souffrir et de réserver le fagot et les bûches pour le temps de notre sommeil. Tristan étala les vivres dont il s'était chargé, et on dîna, moins commodément à la vérité que dans la cabane, mais non pas sans agrément.

Ensuite on se remit en marche. Comme la botte de bois était assez pesante, Tristan proposa à Martinet de l'en débarrasser, et de la porter à son tour. Grand merci, répondit le Manseau, c'est à ce fagot et à son poids que je dois quelque chaleur; je ne m'en dessaisirai que pour le livrer à la flamme.

Ainsi chacun conserva son fardeau particulier. Tristan seul fut moins chargé que les autres, parce que nous avions expédié les provisions qu'il portait. Le froid qui commençait à nous engourdir ne tarda pas à se dissiper peu à peu après une demi-heure de course.

Nous avancions à grands pas, et nous nous persuadions de plus en plus que le climat était plus doux au nord qu'au midi du Spitzberg.

Nous marchions avec un courage dont nous n'aurions jamais osé nous croire capables avant notre tentative, puisque nous ne fîmes la seconde halte qu'à une distance de plus de quinze lieues de la cabane.

Nons avions choisi, pour nous reposer, une espèce de roc, comme dans notre première station : on était décidé à y prendre le second repas, à y brû'er quelques bûches, et à y dorn ir quelques heures; mais nous ne savions pas trop comment nous f riens durer la flamme assez long-temps et assez vive pour nous garantir du froid pendant quelques heures de sommeil, et réserver en même temps quelques provisions de bois pour le lendemain; la terre était partout aussi aride que sur la côte, et ne présentait pas un seul brin de mousse.

Le froid, qui nous semblait plus supportable, était néanmoins excessivement rigoureux. Nos lèvres en étaient cruellement gercées, nos nez d'un rouge noirâtre, et nos yeux sanglans ; mais notre imagination frappée ne nous laissait pas apercevoir que nous avions peu gagné, et qu'en prenant un violent exercice sur le rivage, nous n'aurions pas eu beaucoup plus froid qu'en pleine terre.

Clairancy, qui parcourait des yeux

tous les environs, crut apercevoir
dans le lointain d'une demi-lieue ,
une petite montagne : il nous fit
part de la découverte; nous en fûmes
frappés comme lui. Cette colline
renferme sans doute quelque ca-
vité, nous dit-il, ayons la force de
nous y rendre , nous y passerons
plus commodément les heures du
sommeil, et nos provisions de bois
n'ayant pas besoin d'être divisées
pour entretenir la chaleur autour de
nous, la flamme durera plus long-
temps.

Chacun trouvait si peu d'avantage
à rester auprès du roc où nous
avions fait halte, que quoique passablement fatiguée, la petite troupe
reprit bravement ses fardeaux , ses
armes, et se remit à marcher. Bien-

tôt nos espérances devinrent plus réelles : nous distinguâmes tous une petite colline escarpée, hérissée de rocs et de pierres mal jointes ; nous pouvions raisonnablement compter sur quelqu'enfoncement qui nous servirait de hutte de passage.

Pendant que nous nous réjouissions de ces idées, nous aperçûmes, sur le sommet de la petite montagne, un ours blanc...... La vue de ces animaux, qui nous causait au commencement les plus grandes frayeurs, nous donna alors la joie la plus douce. Nos compagnons ne nous avaient donc pas trompés, en nous disant que les ours se retiraient vers le nord.... Le climat était donc moins affreux devant nous...... Et la chair de cet ours allait nous donner de quoi vivre largement.

Nous savions que les cris font souvent fuir ces monstres. Chacun se garda de pousser la moindre clameur, et la petite troupe se contenta de disposer ses armes, et de s'avancer en silence contre l'animal. Nous nous étions rangés deux à deux, pour ne pas même l'effrayer par notre nombre, et nous étions décidés à ne l'attaquer que quand il serait près de nous.

Notre contenance modeste donna en effet une pleine confiance à l'ours. Après qu'il nous eut long-temps considérés, il descendit brusquement de la colline, et accourut à nous tête baissée. On le laissa approcher à vingt pas, sans donner le moindre signe d'hostilités ; mais alors nous

l'attendions les armes en joue. Le Manseau occupait les derrières, et nous
disait en tremblant de dépécher la
béte. Les trois anglais, c'est-à-dire,
Edouard, Williams et moi, nous
déchargeâmes nos mousquets chargés de trois ou quatre balles. L'ours
fut blessé à la tête et à l'épaule ; mais
sa peau était si dure, qu'il ne sembla qu'étourdi de nos coups, car il
s'arrêta à peine quelques secondes
en secouant les oreilles, puis il s'é-
lança de nouveau sur nous, en poussant un rugissement sourd. Clairancy et Tristan tenaient leurs carabines armées : ils atteignirent à
leur tour l'animal ; mais Clairancy,
plus heureux que tous les autres,
lui planta dans le ventre cinq balles
de calibre qui le jetèrent à bas. Le

monstre fit de nouveaux efforts pour se relever, et revenir à la charge ; nous ne lui en laissâmes pas le temps : les plus agiles fondirent sur lui, et l'achevèrent à coups de hache.

Du moment qu'il fut mort, Martinet et Williams, qui avaient témoigné plus de frayeur que le reste de la troupe, mirent une corde au cou de l'ours, et comme nous n'étions pas loin de la colline, il fut traîné de la sorte jusqu'au lieu où nous devions passer la nuit.

La plus douce surprise nous y attendait : une caverne profonde occupait une partie du roc ; l'entrée en était étroite et tournée au nord ; elle était justement opposée au vent qui soufflait du sud. — Quand cette auberge aurait été faite exprès pour

nous, s'écria le Manseau tout joyeux,
elle ne serait pas mieux taillée.

On donna des bénédictions à Clairancy, à qui nous devions cet antre
qui nous parut aussi commode
qu'un palais, et à la bonne nature,
qui nous montrait encore des sen-
timens de mère. En même temps
nous visitions la grotte; elle répandait une certaine odeur qui nous fit
juger sur-le-champ que c'était la
tanière de l'ours que nous venions
de tuer; nous en fûmes convaincus,
en trouvant dans le fond la moitié
d'un chien marin qui commençait
à puer; il fut tiré dehors au plus
vite, après quoi on dépouilla l'ours
que nous avions amené heureusement : sa peau devait nous servir de
lit. Edouard détacha les meilleurs

morceaux de la chair , et déclara que le reste, aussi bien que la tête, les os et la graisse de l'animal, entretiendraient le feu, conjointement avec quelques morceaux de bois et les débris du chien de mer que l'ours nous avait laissés.

On alluma alors un grand feu à la porte de la caverne ; quelques grillades furent cuites et mangées assez rapidement : chacun but quelques gorgées d'eau-de-vie, en regrettant intérieurement la source d'eau douce, car nous étions fort altérés ; puis il fut décidé qu'on dormirait six heures, et que l'un de nous soignerait le feu alternativement pendant le sommeil des autres. On tira au sort, et Tristan fut désigné pour la première heure de faction.

CHAPITRE IX.

*Pomme d'espérance. Découvertes végé-
tales. Le soleil quitte l'horizon.*

Un sommeil paisible de six grandes
heures, dans une caverne obscure,
nous remit parfaitement de notre
fatigue. Edouard veillait le dernier;
avant de nous éveiller pour le départ, il s'avisa de monter sur la
colline, pour examiner le pays que
nous allions parcourir. A peine avait-
il fait cinquante pas dans les rocs,
qu'il poussa un grand cri, et nous
appela tous, chacun par notre nom.
La petite troupe se leva en sursaut,
et se jeta les armes en main hors

de la caverne ; car nous pensions
que notre ami était aux prises avec
quelque animal, et qu'il implorait
notre secours ; mais en jetant les
yeux sur lui, nous l'aperçûmes à
genoux sur le penchant de la petite
montagne; sa figure était rayon-
nante :—Vive le ciel ! s'écria-t-il en
nous voyant, Dieu est un bon père,
et notre voyage n'est pas une extra-
vagance. En disant ces mots, il nous
fit signe d'aller à lui.

Sa posture nous intriguait à mesure que nous approchions. Il con-
templait avidement un grand trou
plein d'eau douce....... Oh ! quelle
fut notre ivresse quand nous reconnûmes si près de nous cette source
consolante. Mon gosier est brûlant,
reprit Edouard, et cependant je n'ai

pas voulu boire avant vous. Nous devons nous régaler ensemble, et partager les plaisirs comme les peines : tombez donc à genoux, remerciez celui qui vous désaltère, et buvons à notre santé. — Grand dieu ! s'écria Clairancy, quels vœux, quelles prières peuvent te faire de malheureux mortels ?..... reçois nos actions de grâce, et veille sur les jours de tes enfans qui t'adorent !....

Après cela chacun enfonça ses mains dans la source, et but avec appétit. Williams, plus flegmatique et moins altéré que nous, se releva le premier : il aperçut, trois pas au-dessus de la fontaine, une branche de bois mort, et s'avança pour s'assurer qu'il ne se trompait point. Cette découverte l'étonna tellement,

dans le pays où nous nous trouvions,
qu'il nous appela pour nous faire
part de sa surprise : la nôtre fut
extrême devant cette petite branche
plantée en terre. Le voisinage de la
fontaine donnait bien quelqu'espoir
de végétation; mais pourquoi n'a-
vions-nous rien trouvé de semblable
près des deux sources que nous
avions rencontrées sur la côte ? Clairancy en tira de nouveau cette conséquence, que toutes les notions
qu'on se fait en Europe du nord de la
terre, sont absolument fausses ; que
l'extrémité la plus reculée du Spitzberg pouvait bien être plus chaude
que le milieu même du pays, par
des causes que nous ne connaissions
pas encore ; et qu'il était sûr qu'on
pourrait passer du Spitzberg en

Amérique, si on osait l'entreprendre
C'est ce que nous ferons, continua-
t-il, et nous verrons le pôle du nord.

En même temps, il voulut arracher la petite branche, de la terre
où elle paraissait plantée; mais elle
résista à ses efforts. Ce nouvel incident nous donna une nouvelle surprise : Clairancy fouilla autour de
l'arbuste avec la pointe d'un couteau
de chasse, et trouva à huit pouces
de la surface du sol, une grosse racine de la forme d'une pomme de
terre, comme on en trouve dans la
Hollande et dans l'Allemagne : elle
pesait au moins deux livres, et n'a-
vait aucune odeur. — Il faut la faire
cuire, dit le Manseau; elle est peut-
être bonne à manger, et un légume
comme celui-là ferait un peu de

diversion à notre ordinaire de chair d'ours.

Son avis méritait d'être suivi : nous avions une bonne braise à l'entrée de la caverne ; on y enterra la pomme, bien décidés à ne la manger que si nous lui trouvions quelque saveur. Sa peau, quoique épaisse, était extrêmement tendre, le feu était ardent ; elle fut cuite en moins de dix minutes, rompue en six portions, et partagée fidèlement entre la petite troupe. Chacun flaira d'abord, et mordit ensuite. Cette racine avait un goût assez semblable à celui du navet cuit sous la cendre ; et ce fut pour nous un si grand régal, que nous la nommâmes *pomme d'espérance.*

Après avoir mangé, on se remit

en route. On avait si bien ménagé
le bois, qu'il en restait une bonne
partie : nous nous en chargeâmes
de nouveau, et Williams prit la
peau de l'ours que nous avions tué
en arrivant. Chacun but encore un
peu d'eau douce, et fit ses adieux
à la bienheureuse source. Attendez,
nous dit Tristan avant de partir,
nous pourrions regretter cette fontaine à notre première halte; je sais
le moyen d'emporter avec nous quelques pintes d'eau.....

En même temps il coupa les
quatre pattes de la peau de l'ours.
Elles avaient été arrachées sans le
secours du couteau, de manière
qu'elles faisaient quatre sacs ouverts
par les deux bouts. Il lia les quatre
extrémités avec une ficelle, ce qui

fit quatre sacs parfaits : il les emplit d'eau après avoir eu la précaution de mettre le poil en dedans, et lia fortement l'autre bout de ces outres de circonstances. Par ce moyen ingénieux, nous emportâmes avec nous dix ou douze pintes d'eau, qui se conserva parfaitement.

A notre première halte, on vida un des sacs : l'eau n'était point gelée ; cette circonstance nous confirma de plus en plus dans l'idée que nous nous éloignions du froid : il restait cependant à quelques-uns de nous des doutes et des craintes. On nous avait dit que le nord de la terre n'était que glaces ; et nous ne pouvions nous empêcher de penser qu'après avoir traversé péniblement le Spitzberg, nous trouverions peut-

être cette grande mer de glace ferme,
que les Européens nomment le bas-
sin du pôle. — Toutes les notions
qu'on nous a données sur le nord,
nous dit Clairancy, ne sont que des
conjectures enfantées par la timi-
dité et par la peur : on n'a pas osé
s'enfoncer dans ces tristes déserts,
et on en a fait des descriptions
hasardées. — Bien plus, ajouta
Edouard, les voyageurs ont eu soin
de peindre le Spitzberg sous les traits
les plus affreux, pour détourner les
curieux de s'y enfoncer, de reconnaître le pays, et de démentir des
relations auxquelles on ajoute si
bonnement tant de foi. Les géographes sensés se contentent de dire
que le nord est inconnu. — D'autres,
répliquai-je, soutiennent que les

environs des pôles ne sont que des
masses glacées, et ils prétendent le
prouver par la physique. — La physique s'est trompée tant 'e fois ,
reprit Clairancy, qu'on ne doit s'en
rapporter à elle que sur de bonnes
expériences : ici sur-tout, il est facile
de prouver que la physique ne sait
ce qu'elle dit : l'aiguille aimantée se
tourne constamment vers le pôle.
Allez sous la ligne, votre boussole
s'agitera sans prendre aucune direction : écartez-vous vers l'un ou l'autre pôle, l'aiguille y tournera bientôt sa pointe. Qui l'attire ainsi au
pôle ? dira-t-on que ce sont les
glaces ? et il faudra bien le dire, si
on soutient que les deux extrémités
du monde ne sont que des îles
glacées. Cependant, approchez un

glaçon d'une aiguille d'aimant, vous
verrez s'il a la moindre vertu. Je
crois que la plus sage opinion est
celle-ci : qu'il y a au nord des montagnes de fer..... ou des choses que
nous ne savons pas, que nous con-
naîtrons bientôt........ Quant à nos
compagnons de la cabane, nous
devons renoncer au plaisir de les
revoir : nous serons trop éloignés
d'eux quand nos découvertes seront
assez importantes pour leur en faire
part ; et en retournant à la hutte,
il faudrait nous décider à y mourir ;
ceux que nous y avons laissés n'ont
pas assez de courage pour courir les
hasards que nous affrontons ; d'ailleurs, la saison s'avance, et nous
n'avons pas de temps à perdre.

Le Manseau, tout fier de se trouver,

par le calcul de Clairancy, plus courageux que les dix-huit habitans de la cabane, prit la parole à son tour, et dit qu'il se louait d'être de l'expédition que nous allions tenter, d'abord, parce qu'il était en compagnie de braves gens, ensuite parce qu'il reprenait l'espoir de vivre ; enfin parce qu'il avait des pressentimens qui lui disaient que le voyage irait bien; mais ce qui m'inquiète, ajouta-t-il, c'est que le soleil baisse à mesure que nous avançons, et que nous allons bientôt le perdre. — Eh bien! s'écria Edouard, quand nous n'aurons plus le soleil, nous aurons la lune. En attendant, du courage !......

En ce moment, Tristan s'arrêta, fixant devant lui des yeux attentifs.

Je lui demandai ce qu'il avait? — Ne voyez-vous donc rien, reprit-il vivement?.... Nous distinguâmes en effet quelques brins de mousses répandus sur la terre, assez rares d'abord, mais qui semblaient s'épaissir dans le lointain. Le Manseau, qui se vantait d'avoir la vue fine et perçante, s'écria qu'il voyait à une bonne lieue quelque chose qui pouvait bien être un grand pré!.... Son idée nous fit pousser de grands éclats de rire; mais la mousse qui paraissait était réelle, et nous donnait de nouvelles espérances.

Pour ne point abuser de la complaisance du lecteur, et ne pas répéter des détails peut-être fatigans, je lui dirai que nous fîmes en cinq journées de chemin une route de

plus de soixante lieues, à peu près
de la même manière que nous l'a-
vions commencée. Seulement nous
trouvions plus de végétation à mesure que nous nous éloignions de
la cabane; en même temps la terre
devenait si montueuse, que nous
étions peu embarrassés de trouver
où dormir, dans des cavités comme
la première. La mousse rassemblée,
avec un peu de peine à la vérité,
entretenait nos feux, et les sources
étaient si fréquentes, que nous ne
nous servions plus des pattes d'ours.

Pendant ces cinq jours, nous
n'avions aperçu aucun animal, et
nos provisions étaient bientôt épui-
sées. Le froid était vif; mais nous
nous persuadions qu'il diminuait
de jour en jour; si nous nous trom-

pions, notre expérience prouve la vérité de cette pensée : que les biens et les maux sont tout entiers dans l'imagination.

Quoiqu'il en soit, le soleil nous abandonna le vingt d'octobre ; la lune prit sa place, pour ne plus quitter l'horizon.

CHAPITRE X.

Landes du nord. Animaux et fruits inconnus. Aurore boréale.

La lumière de la lune était si brillante, qu'elle nous consolait de l'absence du soleil. Le ciel était pur, l'air serein et extrêmement sec. La terre se couvrait devant nous d'une épaisse mousse jaunâtre, et nous rencontrions déjà de temps en temps des espèces d'arbustes qui ressemblaient assez au buis et aux petits pins de la Suisse. L'étoile polaire nous servait désormais de guide. Le silence le plus absolu régnait de toutes parts autour de nous, et nous

n'entendions pas même le plus léger
souffle de vent : au reste, nous jouissions tous de la meilleure santé.

Quoique nous ayons parcouru tout
le Spitzberg, il nous serait impossible
de le décrire. Quelques géographes
en ont fait une île : je dirai seulement qu'ils se sont trompés là-dessus : ou le Spitzberg est un continent
qui s'étend jusqu'au pôle; ou c'est
une presqu'île jointe aux terres polaires du nord, puisque nous ne
fûmes arrêtés dans notre marche, ni
par la mer, ni par le moindre fleuve.
Je pense donc que c'est un grand
désert, placé par Dieu même, pour
séparer les hommes du globe terrestre, de l'ouverture du pôle; et
cette barrière effrayante n'avait sans
doute jamais été franchie avant nous.

Le sixième jour de notre voyage, c'est-à-dire, le vingt et un octobre, la petite troupe entra dans des espèces de landes sablonneuses, parsemées de mousses, d'herbes traînantes et d'arbustes inconnus, dont les plus hauts avaient à peine trois pieds. On se peindra facilement notre joie, en voyant le sol et le climat s'embellir d'heure en heure devant nous. Édouard, presque en extâse de fouler enfin une terre plus riante, s'arrêtait de temps en temps pour jouir de l'aspect consolateur de la végétation. Bientôt il s'écria qu'il apercevait trois renards..... On crut d'abord qu'il extravaguait; mais en portant nos regards à cent pas, dans la direction de sa main, chacun de nous distingua comme lui trois animaux blancs , marchant avec assez de lenteur , à cause de la petitesse de leurs pattes.

Bien que nous eussions pu les prendre à la course, la peur de les perdre dans quelque terrier nous arrêta tous. Edouard et Clairancy s'avancèrent seuls, à pas de loup, et lâchèrent deux coups de carabine. Il y avait quatre jours que nous n'avions fait usage de nos armes ; et à la mort de l'ours blanc que nous avions tué dans notre première journée, nos fusils n'avaient produit qu'une déto ation ordinaire : ici elle fut terrible et répétée par plusieurs échos. — Réjouissons-nous ! s'écria aussitôt Clairancy, nous ne sommes plus dans un pays plat ; nous trouverons des montagnes , des vallées, peut-être des forêts !...

Après ces paroles, il se ressouvint des trois bêtes blanches qu'il venait de tirer. Nous nous étions rapprochés de lui et d'Edouard ; tout le monde courut ensemble au lieu où nous avions vu notre proie. L'un des trois animaux était tué roide ; les deux autres ne se trouvaient plus. Le Manseau les aperçut sous un buisson, légèrement blessés, et cherchant vainement à tromper nos recherches ; la blancheur de leur poil les trahissait trop bien. Martinet les prit donc, en poussant des cris de joie : il nous les donna à tuer, et retourna au buisson, où il avait, disait-il, quelque chose à reconnaître.

En effet, il s'écria, au bout d'un moment, qu'il venait de faire la plus délicieuse, pour nous, de toutes les découvertes. — Qu'est-ce donc, lui demanda-t-on vivement ? — Des prunes, mes amis, répondit-il, des prunes noires..... C'est sans doute la nourriture ordinaire des animaux que je viens d'attraper ; car il tombe sous le sens qu'ils ne demeureraient pas dans cette contrée, s'ils n'avaient rien à y manger. — D'autant plus, continua Williams, qu'on ne se nourrit pas d'air, pas plus au nord qu'au midi..... Mais enfin voilà des prunes, ou plutôt des prunelles, puisqu'elles ne sont pas plus grosses qu'une balle de pistolet de poche....

Pendant tout ce verbiage, nous nous étions tous accroupis autour du buisson : il était véritablement chargé de petites prunes sèches, qui tombaient dans la main aussitôt qu'on les touchait. C'était des fruits noirâtres, un peu longs, d'un goût légèrement aigre, mais extrêmement rafraîchissant. Ils n'avaient point de noyau ; nous leur conservâmes cependant le nom de *prunes*, qui nous rappelait des souvenirs européens. Chacun en mangea copieusement, et en emplit ses poches, en bénissant le père de la nature.

Après cela, on se remit en route, chargés de fruits, dont nous avions été si long-temps privés, et avec l'espoir de faire, de nos trois pièces de chasse, un meilleur dîner qu'à l'ordinaire. On marcha agréablement pendant deux bonnes heures, toujours dans les landes et les arbustes : alors nous trouvâmes une petite

source qui formait un ruisseau, à
la vérité faible et silencieux ; mais
c'était aussi la première fois que
nous faisions cette rencontre depuis
notre arrivée au Spitzberg. Il fut
décidé qu'on dînerait auprès de
cette fontaine : on y déchargea donc
les fardeaux. Les uns ramassèrent
des herbes, et arrachèrent du bois
pour le feu, qui fut bientôt allumé;
les autres dépouillèrent les trois
animaux que nous venions de prendre : leur chair était aussi blanche
que leur peau, et ils auraient res-
semblé à nos lièvres, s'ils avaient
eu le museau plus rond, les pattes
moins courtes et la queue plus petite. On les fit cuire sans s'amuser
trop longuement à chercher s'ils
étaient lièvres ou renards, pendant

que je parcourais avec Clairancy, le petit ruisseau, qui se perdit sous la terre après une course de deux cents pas. Quelques-uns arrachèrent sur ses bords plusieurs *pommes d'es-pérance*, qui s'y trouvaient éparses en assez grande quantité.

Je puis assurer maintenant, en mon nom, et au nom de tous mes camarades, que le meilleur, le plus délicieux repas de notre vie, fut celui que nous fîmes à cette halte. Personne ne toucha à la chair d'ours, dont nous commencions à nous lasser; mais on tomba si bien sur les trois lièvres blancs, qu'ils furent totalement expédiés. Leur chair rôtie était excellente, fraîche, tendre, et d'un goût aussi délicat que celui de nos lièvres d'Europe les plus renommés ; elle était peut-être un peu plus fade , ce qui ne fut pas beaucoup remarqué. Les pommes d'espérance, les prunes, l'eau-de-vie, la source d'eau douce, et avec tout cela, un bon feu , c'en était assez, je crois, pour qu'après tant de maux , de pauvres diables comme nous se crussent un moment heureux comme des princes : d'ailleurs nous étions souverains, et maîtres du pays ; nous pouvions en exercer librement tous les droits.

Mais pendant que nous achevions notre dîner avec la gaîté la plus bruyante , en nous félicitant mutuellement d'avoir quitté la cabane, et en remerciant de nouveau Clairancy et Edouard, qui étaient les chefs et les auteurs de l'entreprise, un phénomène, assez commun dans les nuits du nord, vint subitement troubler notre joie. Le ciel était pur; la lune brillait de tout son éclat, lorsqu'elle se ternit tout à coup, et que nous vîmes du côté du pôle, toute la campagne en feu; l'air nous parut embrasé, des nuées de flammes se répandaient dans le ciel, et il nous semblait entendre des bruits lointains, que nous ne pouvions définir. Martinet nous fit remarquer des charriots de feu, des armées ardentes portées sur les nuages, des cavaliers enflammés qui se battaient avec acharnement, et couraient au grand galop l'un sur l'autre. Tristan observa qu'il tombait autour du pôle une pluie de feu ou de sang. Williams nous fit distinguer dans les bruits lointains, le son du tonnerre et les éclats d'une musique belliqueuse.

Une frayeur mortelle allait s'emparer de nous, lorsqu'Edouard et Clairancy nous rappelèrent que tout ce que nous voyions n'était qu'une *aurore boréale*. Vous savez, nous dit Edouard, que ce phénomène éclaire presque toutes les nuits autour des pôles. Les Lapons, les Russes, les Norwégiens, y sont tellement habitués, qu'ils se réjouissent de le voir. Tous ceux qui ont passé la nuit au Spitzberg en ont eu comme nous le spectacle, et nous devons nous attendre à en jouir tant que nous serons de nuit dans le nord.

Si vous voulez faire un petit effort de mémoire, continua-t-il, vous vous rappellerez que l'Angleterre même a vu plusieurs aurores boréales ; et dans le seizième siècle , sous le règne de Henri VIII. Londres et plusieurs autres villes furent épouvantées , dans une même nuit d'automne , de ces apparitions merveilleuses. On voyait des géants de flamme qui se battaient sur les nuées, des chevaux ardens qui traversaient les plaines de l'air, des têtes horribles qui se séparaient de leur tronc, des monstres hideux qui se taillaient en pièces avec des cimeterres de feu ; le sang coulait en abondance ; on entendait le son des tambours et de la trompette , les décharges de l'artillerie , les clameurs sourdes et terribles des combattans. Les uns voyaient , dans ces signes épouvantables, des présages certains de guerres, de pestes, de famines ; les autres prétendaient que ces prodiges annonçaient la fin du monde.... Mais tout se dissipa avant le jour; on reconnut dans tant de merveilles, une merveille naturelle, une aurore boréale. Il n'y eut à la suite ni guerre, ni peste, ni famine; et la fin du monde ne vint point.

— La France, reprit Clairancy, la France, quoique plus éloignée du nord que la Grande-Bretagne, a vu aussi de pareils prodiges. Sous le règne de Louis XI, pendant que le comte de Charolais assiégeait Paris, une aurore boréale s'étant élevée vers le milieu de la nuit, fit paraître cette ville tout en feu. On crut d'abord que les ennemis se retiraient en mettant le feu à la ville; mais rien

ne brûlait, et on remarqua bientôt,
dans le ciel, des nuées lumineuses,
qu'on appelait nuées de flammes ;
ces nuages éblouissans représen-
taient des armées, des fantômes,
des monstres, des démons, selon
que l'imagination de chaque spec-
tateur voulait bien se les figurer. Les
soldats qui gardaient les remparts
s'enfuirent épouvantés ; plusieurs
personnes moururent de frayeur,
d'autres en devinrent fous. On avertit
le roi, qui se hâta de courir à cheval
sur les remparts du nord de la ville,
où le spectacle était, disait-on, si
effrayant ; mais quelques instans
après, tout se dissipa, et les savans
d'alors firent comprendre au peuple
que tout ce grand sujet d'effroi n'é-
tait qu'une aurore boréale.... Nous,

qui sommes près du pôle, nous en verrons presque continuellement.

— C'est fort bien, reprit le Manseau ; tout ce que vous dites là me rassure. Je vois maintenant que ces nuages ardens qui sont devant nous ne sont pas chargés de combattans, comme je le croyais d'abord, et je n'entends presque plus le son des trompettes , ni le bruit sourd du tonnerre ; mais dites-moi encore, si vous le savez, d'où peuvent naître les aurores boréales ?

—Assurément, répondit Clairancy, ces météores enflammés ne sont pas produits par une mer glacée, ni par des montagnes de glaces, ni par un sol couvert de neiges et de frimats , comme l'avancent si mal à propos quelques-uns de nos physiciens......

— Moi j'opine, interrompit brusquement Williams, que ces flammes, ces figures de démons, ces bruits inconnus, sortent de l'enfer !.. Vous savez tous que le manoir des démons est sous la terre; peut-être n'est-il si difficile d'approcher des pôles, que parce qu'ils en sont l'entrée. En conséquence, si nous avançons plus près de l'ouverture, la porte est ouverte : gare à nous !....

— En vérité, répliqua Clairancy, je te croyais moins niais, mon pauvre ami. Et qui t'a dit que l'enfer pût être dans l'intérieur de notre globe? qui est venu t'en apporter des nouvelles ? sais-tu seulement ce que c'est que l'enfer? est-il donné aux mortels de le savoir? S'il y a des démons, pourquoi le créateur,

maître de tout ce vaste univers, les
aurait-il resserrés dans un petit espace, si près des hommes? à quoi
servent donc les autres planètes?....
J'aime mieux croire, avec Milton et
les théologiens sensés, que l'empire
des anges rebelles est situé loin du
soleil et loin de nous. Si l'enfer était
dans notre globe, et qu'il eût aux
pôles les deux ouvertures que tu lui
supposes, il recevrait la lumière du
soleil; et les théologiens le condam-
nent à d'éternelles ténèbres. Je reviens à mon sentiment, que le pôle
est environné de montagnes de fer ;
peut-être renferment-elles des masses
l'aimant ; peut-être aussi ces exha-
laisons ardentes ne sont-elles que
les vapeurs magnétiques, à qui on
loit la direction constante de la

boussole vers le nord..... Quoiqu'il
en soit, nous le saurons dans peu
de jours......

En ce moment, l'aurore boréale
se dissipa, la lune nous rendit sa
lumière, et nous nous remîmes en
marche, nous entretenant de ce que
nous venions de voir, selon que nous
en étions affectés. Tristan et moi,
nous partagions la joie et l'assurance
d'Edouard et de Clairancy. Le Manseau était incertain; Williams seul
persistait obstinément à nous crier
que nous allions en enfer. Nous
avions beau lui dire que l'enfer,
avec l'innombrable multitude de
démons et de damnés dont il se
peuplait, ne pourrait pas être con-
tenu tout entier dans l'intérieur de
notre petit globe; il nous répondait

qu'on se rapetissait sans doute, en devenant sujet du diable, mais que certainement l'enfer était sous nos pieds, que ses parens le lui avaient dit, comme le sachant de bonne part, et qu'il avait entendu plusieurs prédicateurs judicieux et renommés tenir le même propos. — Eh bien ! interrompit Edouard impatienté, si tu vas au diable, vas-y du moins gaîment, tu seras en bonne compagnie, et nous y allons avec toi....

Mais cette boutade ne convertit pas le pauvre garçon à notre sentiment ; et si Clairancy ne se fût mis à le prêcher de son mieux, nous aurions eu le continuel désagrément d'entendre à nos oreilles des jérémiades et des plaintes, pendant le reste du chemin que nous avions à faire jusqu'au pôle. Le Manseau employa aussi toute sa rhétorique à sermoner son camarade; et toute la petite troupe fut bientôt, ou du moins parut complètement rassurée.

Après deux ou trois heures de marche, nous vîmes reparaître l'aurore boréale. Pour ne plus revenir sur ce phénomène, je dirai seulement qu'elle ne cessa plus de nous éclairer que par d'assez courts intervalles, jusqu'à notre arrivée au pôle-nord; mais sa forme variait à chaque instant : tantôt elle se répandait loin devant nous, et présentait une vaste campagne ardente : tantôt elle se resserrait, et ne nous semblait plus qu'une énorme colonne lumineuse dont le pied posait exactement sur le pôle. Elle échauffait

aussi les plaines de l'air à mesure
que nous avancions, et sous le 85e
degré, nous n'avions ni vent, ni
gelée, ni brouillard; la température
était sèche, pure, et le froid ne nous
semblait pas plus vif que dans les
matinées de janvier, en Angleterre,
quand l'hiver n'est pas très-rude.
Nous étions toujours dans des espèces de landes, et nous trouvions
assez fréquemment des pommes
d'espérance, des lièvres blancs et
des prunes comme celles que nous
avions découvertes le sixième jour
de notre voyage. Nous marchions
aussi plus lentement, parce que la
route devenait plus agréable, et que
nous commencions à nous fatiguer.

Mais à mesure que nous avancions,
la colonne ardente qui nous four-

nissait les plus belles aurores boréales devenait moins brillante ; toutes
les plaines de l'air étaient en récom-
pense plus éclairées ; nous trouvions
aussi quelque légère diminution
dans le froid. Sous le 86ᵉ degré, la
température devenait extrêmement
saine ; et à l'exception de la fatigue,
personne d'entre nous n'éprouvait
le moindre mal. Nous menions le
même genre de vie, nous avions les
mêmes ressources, et nous étions à
cent quatre vingt lieues pour le
moins, de la cabane hospitalière,
après dix-neuf jours de marche.

Alors, nous crûmes apercevoir
loin devant nous une couronne de
montagnes noires et escarpées, qui
nous barrait le passage. La colonne
lumineuse sortait du sommet de ces

montagnes , avec le bruit d'une trombe marine ; elle nous parut avoir plusieurs lieues d'épaisseur. Nous pensions d'abord être au pied d'un volcan : mais nous n'éprouvions point la chaleur que le voisinage des volcans suppose; il n'y avait autour de nous que des sources froides; les arbustes et les plantes des environs n'étaient point brûlés. La colonne lumineuse ne ressemblait plus à une masse de flamme; c'était un reflet de lumière. Clairancy s'écria qu'il fallait avancer jusqu'au pied des montagnes, qu'il pariait cent contre un qu'elles étaient de fer, et que le météore qui les surmontait était peut-être une portion de jour produite par des moyens que nous allions connaître.

CHAPITRE XI.

Forêts septentrionales. Les montagnes polaires. L'ouverture du pôle-nord.

Nous entrâmes donc sous le 87° degré, extrêmement surpris de nous trouver si près du cratère du pôle. On nous avait toujours dit que le pôle était sous le 90° degré de latitude, et nous étions sur le point d'y toucher...... du moins nous le pensions. — Fiez-vous aux géographes, disait Williams ! voilà que nous allons gagner plus de soixante lieues sur leur calcul !.... Il est vrai qu'ils n'ont jamais mesuré le pôle le compas à la main ; mais alors ils ne

1. 14

devaient pas nous en donner si ef-
frontément la forme et la situation...

Cependant nous étions dans l'erreur, et le pôle ne se trouvait pas
si près de nous que nous le pensions, car nous marchâmes pendant
dix heures sans paraître nous en
rapprocher sensiblement. Cette sin-
gularité nous jeta dans un nouve
embarras. — Du courage, nous dit
Clairancy, et nous arriverons. L'il-
lusion que nous nous étions formée,
il faut l'attribuer à la hauteur pro-
digieuse des montagnes polaires, ou
aux reflets que répand cette masse
de lumière qui est devant nous :
peut-être aussi la terre est-elle plate
à ses deux extrémités, comme l'ont
supposé de grands physiciens. Alors
c'est à cette conformation, et à nos

yeux éblouis, que nous devons nous en prendre. — Quoiqu'il en soit, reprit le Manseau, j'aperçois bien, à un quart de lieue de nous, une barrière noire.....

Nous l'apercevions comme lui, et nous n'osions plus nous flatter que cette barrière fût si proche. Mais à chaque pas que nous faisions, elle nous semblait plus rapprochée. Enfin, après un quart-d'heure de marche, nous trouvâmes effectivement devant nous cette grande barrière noire. Ce n'était point encore les montagnes du pôle; c'était une forêt immense, qui s'étendait plus loin que notre vue, et qui était plantée d'arbustes, et de hauts arbres, à la vérité assez rares; mais ces arbres étaient verts comme le pin.

Cette rencontre, à laquelle nous ne nous attendions pas le moins du monde, nous causa la joie la plus vive. Nous rentrions enfin dans les domaines de la nature vivante, et le pôle n'était plus l'empire de l'hiver et de la mort. Les arbres qui se trouvaient autour de nous étaient résineux. Nous nous arrêtâmes sur une petite éminence couverte de mousse; Edouard alluma du feu, et la petite troupe dîna avec grand appétit et bonne espérance. Après cela chacun dormit un somme. Nous comptions nos journées par nos courses, et le temps du sommeil était notre nuit.

Ainsi, le jour suivant à notre réveil, quelques-uns de nous examinèrent la nature des arbres qui nous environnaient, ce que la joie et la fatigue nous avaient empêché de faire en arrivant. Ces arbres ne ressemblaient positivement à rien de ce que nous avions vu en Europe. C'était un peu l'écorce du pin; mais les feuilles étaient longues et grosses : nous n'apercevions point de fruits. Comme nous étions plus curieux d'arriver au terme de notre course, que de faire de longues observations d'histoire naturelle, nous reprîmes bientôt notre voyage, en remarquant seulement, avec une nouvelle surprise, que le bois de taillis et les arbustes n'avaient de feuillage qu'à la tige, et ressemblaient plus à des joncs qu'à toute autre chose.

Au bout de deux heures de marche, Edouard nous dit, en s'arrêtant,

de regarder devant nous, et nous
aperçûmes tous, à deux cents pas,
un grand animal qui broutait la
mousse : il était de la taille d'un
mulet ordinaire, et portait de longues cornes à peu près pareilles à
celles du cerf. C'était une espèce de
renne ; comme il n'était pas accou-
tumé à voir des figures humaines,
il ne prit point la fuite à notre aspect.
Edouard le tira, et le coucha par
terre. Nous en fîmes bonne et large
curée ; sa chair était au moins aussi
délicate que celle du chevreuil : nous
en conservâmes les meilleurs morceaux pour la halte prochaine ; mais
c'était presque un soin inutile, car
la forêt que nous traversions était
abondamment peuplée de ces sortes
d'animaux.

Nous ne - vîmes point d'oiseaux pendant tout le temps que nous dura le voyage, et nous fûmes quatre jours à traverser la forêt du pôle. Je dois aussi noter en passant, que nous nous arrêtâmes, plusieurs fois devant des arbres énormes; un entre autres qui avait soixante-dix brasses de circonférence.

Toute la troupe s'extasia long-temps devant ce colosse des bois, avant de songer à le mesurer. En en faisant le tour, nous nous aperçûmes qu'il était creux, et percé d'une légère ouverture. Williams l'agrandit à coups de hache, et nous entrâmes dans un sallon immense, façonné des mains de la nature. — Il y a assez long-temps que nous marchons sans relâche, dit le Manseau, il faut nous reposer un jour ici, puisque nous y trouvons un gîte commode.

Chacun se rendit à son avis ; nous déposâmes tout le bagage dans un coin, et nous nous reposâmes quelques heures, après quoi nous fîmes dans les environs une petite promenade : quelques-uns recueillirent des fruits un peu plus gros que nos prunes ordinaires, et la petite troupe s'en régala. Nous dormîmes ensuite à notre aise.

A une petite lieue de l'arbre, nous nous trouvâmes hors de cette longue forêt qui venait sans doute d'être traversée pour la première fois, et nous nous avançâmes au pied des montagnes, qui, pour le coup, n'étaient qu'à trois ou quatre heures de chemin du lieu d'où nous les apercevions.

Quand nous fûmes arrivés à la distance d'un quart de lieue de cette nouvelle barrière qui se présentait devant nous, on jugea à propos de s'arrêter pour reprendre haleine, et pour nous soutenir d'un bon dîner, avant de grimper sur les montagnes. L'air semblait s'être un peu raréfié, et la terre était si froide, que la petite troupe, quoiqu'assise sur des peaux de bêtes, ne put rester long-temps dans cette posture. On avait cependant fait un grand feu; mais personne ne put se réchauffer qu'après avoir façonné des espèces de siéges avec de petites bottes de bois, qu'on recouvrit de la peau d'ours, de celle du renne, et

de toutes nos peaux de lièvres. Alors
on dîna passablement bien.

Aussitôt qu'ils eurent achevé leur
repas, Edouard et Clairancy nous
dirent qu'ils allaient nous quitter
un instant; que nous pouvions les
attendre auprès du feu; qu'ils voulaient visiter le sommet des montagnes que nous avions à franchir, et
qu'ils seraient de retour dans une
heure.

Je joignis mes supplications à
celles des trois compagnons qui restaient avec moi, pour conjurer
Edouard et Clairancy de ne pas nous
laisser long-temps dans les inquiétudes, et de revenir aussitôt qu'ils
auraient visité les lieux; ils nous le
promirent, et s'éloignèrent.

Mais ces montagnes, que leur

teinte sombre faisait paraître à un
quart de lieue de notre halte , en
étaient encore éloignées de plus
d'une demi-lieue ; elles se trouvaient
aussi moins escarpées que nous le
jugions de loin, et il était aisé de
les gravir. Avant de le tenter , Clairancy voulut d'abord en connaître
la matière , (comme il nous le conta
depuis); il tira son couteau de chasse,
et en frappa le roc ; la pointe du
couteau se brisa, et le roc sonna le
fer ; il traça quelques lignes dans
d'autres endroits ; la couleur du fer
se montra partout légèrement mê-
lée d'un terrain noir et extrêmement
dur.—Plus de doute, dit-il à Edouard,
nous touchons ces montagnes de fer
dont les vrais physiciens ont tant
parlé ; mais je les croyais plus loin

que le 88ᵉ degré de latitude. Au cas
que la chaîne de ces montagnes soit
circulaire, il faut que leur cratère
ait cent lieues de diamètre. C'est de
là que part cette masse de lumière
qui nous donne le jour : allons en
chercher la source.

—Auparavant, répondit Edouard,
comme nous sommes probablement
les premiers Européens, et peut-être
les premiers mortels qui soient par-
venus jusqu'ici, gravons d'abord sur
le roc nos noms et notre patrie ;
érigeons, à l'exemple de tous les
voyageurs fameux, un petit monu-
ment à notre gloire, et laissons de
nous quelque souvenir. Clairancy
applaudit à l'idée de son camarade,
et ils gravèrent, avec la pointe de
leurs couteaux, sur deux éminences

éloignées de cent pas l'une de l'autre, cette inscription, en latin, en français, en anglais et en hollandais :

Le 8 novembre 1806 de J.C.
EDOUARD WREDEN, HORMISD... PRATH,
WILLIAMS BLOUM, *anglais ;*
et GABRIEL CLAIRANCY, FRANÇOIS-PAUL
TRISTAN, JACQUES MARTINET, *français,*
arrivèrent au pied de ces montagnes,
après avoir traversé le Spitzberg.
Ils étaient partis du port de Porstmouth,
le 12 juin de la même année.

Après cette opération, qui les occupa près d'une heure, ils s'avancèrent dans les montagnes, résolus d'en décorer le sommet d'une inscription toute semblable, sans s'épouvanter du froid qui leur glaçait déjà les pieds, et sans songer que nous mourions d'impatience à les attendre.

Du moment qu'ils nous avaient quittés, nous avions cherché à prévenir l'ennui par la conversation. Chacun s'épuisa en conjectures sur les découvertes que nos compa~ ons allaient faire : chacun forgea des systêmes et des paradoxes à perte de vue. Les discussions nous animèrent tellement d'abord, que le temps se passa assez vite, sans qu'il nous parût bien long ; mais quand personne n'eut plus rien à dire, l'ennui, l'impatience, l'inquiétude, les craintes s'emparèrent de nous. Trois grandes heures s'étaient écoulées, et nos camarades ne reparaissaient point ; notre vue s'égarait dans

des espaces immenses , sans rien
pouvoir découvrir.

Après avoir attendu quelque temps
encore, Martinet, las de ne rien apercevoir , nous dit que nos pauvres
camarades avaient sans doute été
mangés par des animaux féroces. Ces
paroles nous donnèrent d'abord un
frémissement général ; mais ensuite
considérant que nous n'avions trouvé
que des bêtes fauves au pied des
montagnes de fer , j'observai à mes
trois compagnons qu'il n'était pas
probable qu'il y en eût de plus grosses dans les montagnes même , où
la végétation devait être nulle. D'ailleurs , quand il s'en trouverait ,
ajoutai-je , Edouard et Clairancy
sont bien armés ; vous connaissez
leur bravoure et leur adresse....

Hélas ! interrompit Williams, si nous n'avions à craindre que les ours, et d'autres animaux encore plus terribles, je ne tremblerais pas de tous mes membres comme je fais. J'en reviens à mon premier sentiment, que l'enfer est là-dessous; que nos deux amis sont allés s'y jeter la tête la première, et qu'ils sont tombés dans la gueule du diable, qui est, comme on dit, toujours ouverte. Quant à nous, si nous sommes sages, nous les attendrons encore une heure, pour l'acquit de notre conscience, car nous ne les verrons plus; après cela nous rebrousserons chemin. Il n'y a rien à gagner dans la route qu'Edouard et Clairancy ont voulu prendre, et c'est trop risquer, que de risquer sa vie....

— Mais, mon cher Williams, lui répondis-je, pouvons-nous maintenant regagner le Spitzberg? Ceux que nous y avons laissés y sont morts; nous péririons de froid et de disette pendant la route; l'hiver est maintenant dans toute sa force sur les côtes...... Le plus sage serait de retourner dans la forêt, et d'y demeurer jusqu'au retour du soleil; encore nous ne sommes plus en assez grand nombre, pour nous y procurer constamment de quoi vivre. Il nous faut du courage, de la résignation, de la patience; et sur quatre que nous sommes, deux sont toujours prêts à se désespérer....

— J'espère que je ne suis pas le deuxième, me dit vivement Martinet; je me vante d'être complètement

revenu de mes frayeurs, et je suis
bien persuadé que le mieux pour
moi est de faire désormais ce que
résoudra le reste de la troupe. Pour
vous donner une preuve actuelle de
mon courage, je suis prêt à braver
l'enfer et ses portes, à grimper les
montagnes qui sont devant nous, et
à affronter tous les périls; je ne pense
plus, comme Williams, que l'enfer
soit sous nos pas; et quand il y serait, Dieu, qui est juste, n'y préci-
pitera pas ses malheureux enfans
sans qu'ils l'aient mérité : or, quels
sont nos crimes?...

— Williams se rassurait un peu,
en examinant sa conscience, qui lui
reprochait bien quelques friponne-
ries, mais dignes de moindres peines
que celles de l'enfer, et d'ailleurs

expiées par les pénitences qu'il faisait journellement. Tristan le sermona
de son côté, puis il nous dit qu'il
fallait prendre sur-le-champ une résolution. Je ne crois point, ajouta-
t-il, que nos camarades aient trouvé
de grands dangers dans leur expédition ; je pense plutôt qu'ils font
d'heureuses découvertes, dont ils se
réjouissent de nous apporter la nouvelle ; mais nos conjectures ne pou-
vant être rien moins que certaines
là-dessus, il se pourrait qu'Edouard
et Clairancy aient besoin de notre
secours ; quels regrets n'aurions-nous
pas, si nous les perdions par notre
faute ? Avançons donc vers les montagnes ; nous les gravirons avec précaution, et quand nous serons au
sommet, nous verrons s'il y a du

péril à aller plus loin , avant de nous y jeter tête baissée.

Cet avis emporta nos suffrages. Chacun prit ses armes , quelques provisions qui nous restaient encore, et on se mit en marche vers la couronne de montagnes , en suivant le chemin qu'avaient pris Clairancy et Edouard.

En approchant de la montagne , j'aperçus les deux inscriptions gravées sur deux petites roches de fer. Je les fis remarquer à mes trois camarades; et il nous fut aisé de concevoir à cette première découverte, que si Edouard et Clairancy tardaient tant à reparaître , on devait en attribuer la cause au temps qu'ils perdaient à élever de pareils monumens. Néanmoins, comme il y avait alors plus de quatre heures qu'ils nous avaient quittés, et que nous ne les apercevions nulle part, nous nous hâtâmes de grimper au sommet, pour les découvrir, leur faire des reproches, et les embrasser.

Il nous fallut marcher une heure et demie pour arriver du pied à la cime de ces montagnes, et pendant tout cet espace encore, rien ne se montra.

Mais au moment où nous parvînmes sur la plate-forme de la couronne qui borde le pôle, en ce moment où nous nous réjouissions de nous trouver sur un sol uni, large, immense, éclairé par une lumière aussi pure que celle du jour, nous éprouvâmes tous une sensation qui ne sortira jamais de notre mémoire. Chacun sentit sa respiration plus

libre, son corps plus dispos, ses
mouvemens plus légers ; il nous
semblait que nous planions, sans
fouler la terre. Nous traversâmes de
la sorte, sans nous en apercevoir, la
moitié de la plate-forme où nous
cherchions nos camarades. Nous
étions alors à peu de distance de
l'autre bord, d'où jaillissaient en
torrens ces flots de lumière que nous
avions pris de loin pour une colonne
de médiocre étendue, et qui for-
maient une masse incommensurable.
Tristan pensant, ainsi que moi, que
le pôle était peut-être un foyer de
lumière et de chaleur, comme le
soleil ; Williams et Martinet craignant de se jeter dans le feu, nous
voulions tous nous arrêter...... une
secousse violente qui nous entraîna

rapidement, nous avertit que nous
ne le pouvions plus, et que nous
étions attirés vers le pôle, par une
force invincible, de l'instant où nous
avions mis le pied sur la cime de
la montagne. Une frayeur mortelle
s'empara de nous subitement, et nous
ôta la parole. Nos cheveux se héris-
sèrent d'effroi, quand nous nous
vîmes au bord d'un précipice sans
fond, où le jour brillait dans tout
son éclat ; mais aucun de nous
n'eut le temps de rien considérer :
toute la petite troupe fut emportée
par le tourbillon dans le vague de
l'air ; et si nous conservâmes quelque
connaissance, ce ne fut que pour nous
sentir enfoncer dans le globe, sans
pouvoir nous rendre compte de ce
que nous éprouvions.

CHAPITRE XII.

Vapeurs magnétiques du Pôle. Chute au centre de la Terre. Rochers d'aimant. Planète centrale du Globe terrestre.

Nous descendions dans le gouffre avec la rapidité d'une grande chute. Dès l'instant qu'une force insurmontable nous entraîna dans l'intérieur de la terre, chacun se crut précipité dans des abîmes ténébreux et sans fond. Nous nous trouvions donc, avec une surprise indéfinissable, dans un vague lumineux, d'une étendue immense.... Notre imagination troublée par l'effroi ne nous permit pas

de voir la route que nous parcou-
rions. Après avoir été long-temps
poussés par le tourbillon, ou attirés,
sans savoir comment, vers le centre
de la terre, une nouvelle secousse,
extrêmement violente, nous arrêta
subitement. Nous avions tous nos
carabines sous le bras, attachées autour du corps par une forte courroie;
le bout qui était en avant frappa avec
effort contre un roc de métal, et nous
jeta tous quatre sur le flanc, à peu
de distance l'un de l'autre. Chacun
poussa un cri plus ou moins triste,
et se crut brisé en tombant de si haut
sur un corps solide. Mais nos armes
ayant touché le roc avant nous, amor-
tirent la grandeur de notre chute.
Ainsi, au lieu d'être poussés sur le
corps solide où nous nous trouvions,

dans la direction de notre vol, ce qui nous aurait écrasés, nous y fûmes jetés par le contre-coup de nos carabines, et cette chute de deux ou trois pieds nous froissa assez légèrement.

Notre imagination nous disait que nous devions être morts : nous fûmes tout étonnés de nous sentir encore vivans. Williams ouvrit la bouche le premier, pour demander si nous étions en enfer. — Je ne sais pas où nous sommes, répondit le Manseau; mais il fait jour, et je ne vois pas de soleil....

Comme je n'éprouvais presque point de douleur, je voulus me lever pour reconnaître le lieu où nous étions arrêtés. Mais je me sentis pour ainsi dire attaché au sol, et il me fut impossible de remuer autre chose

que les bras et la tête. Mes compagnons se trouvaient dans la même
position. — Ou je rêve, s'écria Tristan, ou je suis cloué ici. Quoiqu'il
en soit, je ne vois, non plus que
Martinet, ni lune ni soleil........ —
Je ne sais pas où la Providence nous a
conduits, ajoutai-je, tâchons de nous
lever sur nos jambes, s'il est possible, et nous aviserons aux moyens
à prendre pour conserver les jours
que le malheur nous a laissés.

En même temps je tournai les
yeux vers Tristan, et je l'aperçus à
dix pas de moi, qui cherchait vainement à lever autre chose que la tête
et les mains. Sa carabine était auprès
de lui; je cherchai la mienne, que
j'entrevis à quelques pieds au-dessus
de ma tête. La terre qui nous portait

avait une teinte brune et un peu
luisante , comme ces vieux monumens de bronze, que le temps s'amuse
à noircir.

Pendant que je considérais ces
choses , et que je repassais dans ma
mémoire toutes les relations des
voyageurs , pour y trouver une situation semblable à la nôtre, j'entendis marcher au-dessous de moi.
Nous pouvions être dans un pays
peuplé de bêtes féroces ou d'antropophages , et nous étions si fortement
attachés au lieu de notre chute, qu'il
nous était impossible d'opposer la
moindre résistance. Mes compagnons
effrayés soulevèrent la tête sans rien
apercevoir , et sans cesser d'entendre
des pas qui venaient à nous. Je tirai,
en tremblant comme eux, un grand

couteau que je portais toujours dans la poche de mon gilet : il s'échappa de ma main, et se fixa à côté de moi sur la terre, d'où je ne pus l'arracher, malgré tous les efforts imaginables.....

Mais en ce moment, j'entendis pousser deux grands cris. Je portai la vue du côté du bruit, et j'aperçus nos deux compagnons, Clairancy et Edouard, qui montaient le rocher, et venaient à nous. — Bénédiction ! s'écria le Manseau, nous voilà retrouvés ! — Grâce au ciel, ajouta Edouard, nous sommes enfin hors d'inquiétude. — Eh ! mes amis, leur demandai-je, dans quel pays nous revoyons-nous ? — Je n'en sais rien, répondit Clairancy, nous chercherons plus tard à nous en instruire;

en attendant, il faut vous lever. Y a-t-il long-temps que vous êtes là ? Une bonne heure, s'écria Williams, et nous avons beau remuer pieds et pattes, nous ne pouvons, ni les uns ni les autres, nous dépêtrer d'ici ; il semblerait que nous y soyions goudronnés.

— Nous avons demeuré plus long-temps que vous dans cette triste posture, interrompit Edouard, et nous ne faisons que de nous en tirer. Débarrassez-vous donc de tout le fer qui se trouve sur vous, et vous serez bientôt debout comme vous nous voyez. Cet avis fut un trait de lumière : chacun ôta bien vite de sa ceinture sa hache, ses pistolets, son couteau, et tout ce qu'il pouvait porter de métallique ; un instant après, chacun se leva sur ses pieds, en se livrant aux plus doux transports de joie; mais quand nous voulûmes faire un pas pour nous rapprocher, nos pieds se trouvèrent collés à la terre, et nous restâmes tous quatre immobiles. — Otez encore vos chaussures, dit Clairancy, en riant de nos attitudes bizarres.... Nos souliers étaient en effet garnis de gros clous; nous ne les eûmes pas plutôt quittés, que chacun marcha librement, et put examiner à son aise le pays où il était jeté. Toute la petite troupe, ravie de se voir rassemblée après tant de frayeurs, se rapprocha d'abord ; et les embrassemens fraternels précédèrent toutes les questions que nous avions à nous faire.

Après que chacun eut donné un libre cours aux explosions de joie et de tendresse, nos deux amis nous apprirent qu'ils avaient été emportés par le tourbillon de la montagne du pôle, deux bonnes heures avant nous; et nous reconnûmes, en nous racontant mutuellement notre aventure, que nous avions tous éprouvé les mêmes secousses et les mêmes sensations. Seulement, Edouard et Clairancy étaient tombés sur une autre partie du roc, à trois portées de mousquet au-dessous de nous; et ils devaient pareillement leur salut à la diversion que le bout de leurs carabines avait opérée dans leur chute; mais nous ne savions aucunement sur quelle plage le destin nous avait portés. — Quand je me sentis enle-

ver de la montagne de fer, nous dit
Édouard, je me crus d'abord entraîné
par une force inconnue, ou dans un
volcan, ou dans un gouffre, ou dans
un abîme quelconque; une sueur
froide glaça mon cœur, et je vous
avoue que je fis mentalement mes
adieux à la vie. Un instant après,
n'apercevant sous mes yeux qu'un
océan de lumière, je pensai que des
vapeurs, dont nous ignorions les
vertus, m'emportaient peut-être de
l'autre côté du cratère du pôle. Enfin,
cette idée extravagante s'évanouit à
son tour, quand je me sentis enfoncer
sous la terre. J'avais perdu de vue
Clairancy; je ne le trouvai qu'en tombant sur un rocher de métal, où nous
avons laissé nos armes, après y être
restés près de trois heures. Mainte-

nant, nous sommes sous la terre; la chose est certaine, aucun de nous n'en peut douter. Comment se fait-il donc que nous voyions le ciel, un ciel pur, un jour serein, sans voir le soleil ?..... — Cela se fait, répondit Martinet, par le moyen d'un rêve qui nous abuse tous; ou bien nous sommes dans un autre monde, dans un monde inconnu.....

Nous nous trouvions en effet sur un grand rocher de métal, où il était impossible d'apercevoir le moindre signe de végétation. Le ciel était sur nos têtes, pur, sans nuages; et en descendant dans les entrailles du globe terrestre, nous devions nous attendre à ne voir de toutes parts que des rocs suspendus au-dessus de nous. Nous jouissions de toute la

clarté d'un beau jour, sans découvrir
la cause d'une lumière partout égale.
Le temps était doux comme dans
le printemps de la France, quand le
ciel promet une belle année.....

— Écoutez-moi, nous dit enfin
Clairancy, les idées que je vais vous
communiquer nous tireront peut-
être d'embarras ; vous serez libres
d'y faire vos objections.

Un savant physicien a prétendu,
au commencement du dix-huitième
siècle, que la terre qui vient de nous
perdre ne pouvait être compacte,
puisqu'ayant trois mille lieues de diamètre, il y en aurait au moins deux
mille neuf cents d'inutiles. En conséquence, il supposait dans l'intérieur
du globe terrestre, un noyau métallique qui en réglait les mouvemens.

Ce système, que l'on rejeta alors comme un paradoxe, notre aventure en prouve la réalité. Voilà donc ce que je présume : la terre, dont les hommes habitent la surface, et qui a neuf mille lieues de circonférence, n'a que cinquante ou cent lieues d'épaisseur dans toutes ses parties. Son intérieur est vide, et lui donne au centre la forme d'un globe; au milieu de ce globe est un noyau ou une autre planète plus petite, et ce noyau est d'aimant : nous en sommes convaincus par la nécessité où nous venons d'être réduits d'abandonner tout le fer que nous portions avec nous. Vous pouvez vous en assurer encore, par les vains efforts que vous feriez pour enlever vos armes du lieu où vous les avez laissés. Or, les va-

peurs que produisent en abondance
les rochers magnétiques où nous
avons été jetés, ces vapeurs sortent
directement par l'ouverture du pôle,
où l'auteur de la nature a placé une
chaîne de montagnes de fer qui forment une couronne. Il est à présumer
que le pôle meridional est entouré
des mêmes circonstances. Ainsi les
grandes masses de fer qui environnent
les deux pôles, attirant également de
chaque côté les vapeurs magnétiques
de cette planète centrale, elle se trouve
maintenue dans un équilibre parfait.
Ce qui nous embarrasse le plus, c'est
de voir le ciel, quand nous avons de
toutes parts la terre au-dessus de nos
têtes. Mais il se peut que le globe
terrestre, opaque et sombre dans sa

superficie, soit lumineux dans ses parties inférieures, ou plutôt l'air qui nous environne nous cache la véritable nuance de ce demi-globe qui est au-dessus de nous. Quant à la lumière que nous recevons ici, je pense qu'elle nous est communiquée par ces mêmes vapeurs magnétiques, qui, traversant les deux pôles, s'élèvent à une hauteur infinie, réfléchissent les rayons du soleil, font les aurores boréales, et sont peut-être aussi l'axe de la terre..... C'est encore à ces vapeurs magnétiques qu'on doit attribuer la direction constante vers les pôles, de l'aiguille aimantée... Mais sortons de ces rochers de métal; nous saurons bientôt quelque chose de plus.....

Pour ne pas tenir plus long-temps le lecteur dans le doute, je lui dirai de suite ce que nous ne sûmes qu'assez tard ; il verra que Clairancy avait deviné assez juste. Cette planète, qui occupe le centre du globe terrestre, a un diamètre de huit cents lieues. Le sol qui la couvre est végétal, excepté dans ses deux extrémités, qui sont d'aimant solide dans un espace d'environ soixante lieues. On suppose que ces rochers qui forment les deux pôles de la planète centrale, la traversent dans toute son étendue. On pourrait se la représenter avec une boule d'un pied de diamètre, qu'on traverserait d'un bâton long de quatorze pouces. Le ciel qui la couvre (et ce ciel est notre globe) se trouve, dans sa partie

inférieure, lumineux ou transparent,
puisque la lumière qui y pénètre par
les ouvertures polaires, s'y réfléchit
également de toutes p

FIN DU TOME PREMIER.

TABLE

Des Chapitres du Tome premier.

——————

Fin de la Table du Ier volume.